擘雅文丛·02

主　编　刘瑞旗　卓新平
执行主编　李政阳　梁建华

BRAND IS MEMORY

# 品牌是记忆

刘瑞旗 著

中国大百科全书出版社

图书在版编目（CIP）数据

品牌是记忆 / 刘瑞旗著 . — 北京：中国大百科全书出版社，2023.3
ISBN 978-7-5202-1302-8

Ⅰ . ①品… Ⅱ . ①刘… Ⅲ . ①品牌营销—通俗读物
Ⅳ . ① F713.3-49

中国国家版本馆 CIP 数据核字（2023）第 036852 号

| | | |
|---|---|---|
| 出 版 人 | 刘祚臣 | |
| 策 划 人 | 曾　辉 | |
| 责任编辑 | 易希瑶　齐　芳 | |
| 责任印制 | 魏　婷 | |
| 装帧设计 | 天下书装 | |
| 出版发行 | 中国大百科全书出版社 | |
| 社　　址 | 北京阜成门北大街 17 号 | |
| 邮政编码 | 100037 | |
| 电　　话 | 010-88390969 | |
| 网　　址 | http://www.ecph.com.cn | |
| 印　　刷 | 北京天工印刷有限公司 | |
| 开　　本 | 880 毫米 × 1230 毫米　1/32 | |
| 印　　张 | 7.875 | |
| 字　　数 | 165 千字 | |
| 印　　次 | 2023 年 5 月第 1 版　2023 年 5 月第 1 次印刷 | |
| 书　　号 | ISBN 978-7-5202-1302-8 | |
| 定　　价 | 79.00 元 | |

# 引　言

品牌是记忆，是消费者对满足其特定功能与价值需求的某一或某类产品，包括服务的总体认知和感受。

"品牌是记忆"说的不只是产品，还包括个人、组织（企业）、国家（区域），比如对中国的记忆，可以有老子、孔子，还可以有长城、故宫等；对埃及的记忆，有法老，还有金字塔、尼罗河……总之，不要局限在产品里面，要从文化的角度思考。

然而，目前大多数人对品牌的理解还停留在产品、产业和行业层面，这已经成为一种先入为主的印象。正因为有这种局限，很少有人意识到文化对品牌的影响，没有从文化的角度去思考品牌的本质与发展，以及如何"用文化的方法做品牌"。

无论是个人、组织（企业）、国家（区域），还是行业、产业、产品，如果把名字、Logo（标志）、标识都隐去后，人们依然可以清晰地辨认出这是什么，那么这个"品牌"就是成功的，因为这个"品牌"已经成为一种记忆、一种生活方式、一种文化。

做品牌，就是要把品牌做到好看、好玩、好用。

# 序　言

　　"恒源祥，羊羊羊"，这句经典广告语从20世纪90年代流传至今，镌刻在无数中国人的脑海中，是那个时代抹不去的记忆符号。简简单单的六个字，成就了恒源祥这个令国人自豪的民族品牌，使其成为载入中国当代品牌和广告发展史的经典案例。

　　执掌恒源祥三十余年的刘瑞旗先生在他的专著中旗帜鲜明地提出"品牌是记忆"的论断，这是长期耕耘在实践一线的企业家对品牌的深刻领悟。大道至简！想想看，如果一个品牌没有被消费者记住，那么企业在品牌经营上付出的所有努力都将沦为无用之功。而重复，恰恰是对抗遗忘最简单而有效的方法。站在这个角度，恒源祥"重要的事情说三遍"的品牌传播策略，体现了企业对消费者认知规律的精准把握。

　　当然，成功品牌的建立是一项复杂的系统工程。从1927年黄浦江边卖绒线的小商铺，到今天的世界知名品牌，恒源祥所取得的成功不仅仅是一句广告口号的功劳。刘瑞旗先生将三十余年来关于品牌的所思、所悟、所行，悉数汇集于《品牌是记忆》中，全面呈现了一个立足中国实际又具有国际视野的企业家对品牌的系统认识、对品牌构建的独到见解，以及对企业品牌经营之道的理论探索。

书中众多鲜活的案例，读之轻松而有味；植根于市场的思考，时有令人豁然开朗的阅读快感。比如，恒源祥独树一帜的经营模式——"品牌特许战略联盟"，利用了品牌的无形资产来调动和组合社会资源，为众多小企业赋能，开创了以"小企业，大品牌"为特色的发展之路。一本好书，更能给予读者精神上的感召。在这本书中，我们处处能感受到刘瑞旗先生于品牌经营所倾注的热情与心血、所赋予的坚守与创新。这是那一代创业型企业家所共有的精神气质，也塑造了他们所创企业独特的品牌价值观。

我从1994年开始为学生讲授品牌及广告的相关课程，也经常在各类专业会议演讲，或到企业做讲座，几乎每次都要提及并分析讨论恒源祥品牌案例。因此很早便听闻刘瑞旗先生大名，惜乎机缘未到，一直想当面请教而不得。直到今年，因工作关系与刘瑞旗先生有了深入交流。有一次，刘瑞旗先生很认真地对我说："希望和中国传媒大学合作，争取用10年时间把'品牌学'增列为新版学科目录第十四类交叉学科门类。"说实在的，这句话深深地震撼了我！一位企业家，居然关注到国务院学位委员会学科目录调整，居然知道新增列了第十四个学科门类——交叉学科，居然创新性提出"品牌学"学科概念并认为应属于交叉学科，居然了解学科目录五年调整一次，居然准备用十年时间来推动这件事！一连串的"居然"，令我对他心生崇敬之情。

原来，刘瑞旗先生始终心怀一颗"为党育人、为国育才"的热忱之心！近年来他一直在筹措资金、整合资源，致力于推动区域国别文化学和品牌学建设，已组织起颇具规模的学术队伍并着手整理专业资料，撰写系列学术著作。刘瑞旗先生坚信，一个品牌的成功，不仅关乎企业的发展，更关乎社会进步、民族复兴、国家腾飞，因此国家需要培养大量的品牌专业高级人才。他希望与包括中国传媒大学在内的国内相关高校开展合作，共同推进品牌学学科建设，搭建品牌学学术交流平台，探索品牌学人才培养和学术研究发展新路径。不客气地说，这是许多身在高校的教育工作者都不一定能想到更不用说去践行的事。放眼全国，有这样远见卓识、有这样无畏勇气并身体力行的企业家，不敢说是唯一一个，但肯定是我遇见的第一个！

这是弥足珍贵的！目前，我国学科体系中并没有"品牌学"这一名称。"品牌学"的提出，是来自业界的迫切需求和强烈呼唤！习近平总书记强调，要"推动中国制造向中国创造转变、中国速度向中国质量转变、中国产品向中国品牌转变"，可见，品牌建设已上升为国家战略，是"国之大者"，品牌是国家软实力的重要组成部分。与此同时，我国高度重视自主知识体系建设。在此大背景下，若能得到主管部门的支持和各高校的协同，成功整合已有相关学科资源，在学术研究、人才培养、成果转化等方面，跟上品牌发展步伐，回应品牌实践探索，满足企业品牌经营需求，共同推动产学研协同创新发展，刘瑞旗先生构想中的"品牌学"学科将大有可为，未来可期！

  愿有更多同道者同行。

张树庭

中国传媒大学校长

# 目 录

## Part 1
## 建立品牌思维

Part 2

# 致力品牌经营

# Part 3

# 建设品牌文化

®

---

◎　众所周知，在市场竞争中，产品的质量尤为重要。但很多企业却面临这样的困惑：在产品质量已没有本质区别、产品功能严重同质化的今天，怎样才能提高核心竞争力？这个问题的答案，就是品牌的创建与经营。

---

**1**

Part

# 建立品牌思维

CHAPTER 1

什么是品牌？

# I 品牌是企业的核心竞争力

企业所拥有的核心资源需要具有以下独特性：市场买不到；受到法律保护；资源本身与能力有互补性；不属于个人；有持续竞争力。企业的品牌恰恰具备上述特点。品牌是一种独有的无形资产，具有特殊的附加值，并且有相应的专利和法律保护，所以从这个意义上讲，品牌的竞争力也代表了企业的核心竞争力。

## ● 消费者为什么喜欢品牌产品？

消费者购买品牌首先是要买个放心。试想一下，你要买汽车，如果是没有商标和品牌的各种汽车放在一起，你会无所适从，丧失了识别和选择的能力，根本不知道要买哪一辆。但如果这些汽车能显示各自的品牌时，你就能知道自己要买什么样的车，会买得很放心，这就是品牌的力量。因为品牌车的背后有着整个企业的实力支撑，它显示的是市场的一个价值秩序。这也就是品牌带来的核心竞争力。

　　另外，消费者购买品牌时，还会考虑这个品牌所彰显的身份地位，审美情趣等。是选一件 5000 元的衣服，还是选 100 件 50 元的衣服，不同人会有不同的选择。品牌能够匹配或者满足消费者对自己的社会地位、消费水平、审美个性的认知和定位，这是商品使用功能以外的超值部分。这些超值部分可能就需要消费者向品牌制造商多付钱，因为这是品牌制造商用自己既有的社会美誉成全或者包装了消费者。

　　可见，品牌是关于经营、制造商综合实力的良性社会评价和普遍认知。品牌可以为消费者降低选择成本并增加使用价值，同时它给予消费者的，除了商品本身的使用价值，还有看不见的放心和称心。

## ● 品牌产生高额附加值

　　从企业角度来说，企业为什么要做品牌？最直接的回答是，做品牌可以获得更多利润，获得消费者的内心记忆。没有什么投资比投资品牌更能获得长远、丰厚的回报。

　　一般来说，企业的利润有三个来源：一是企业在不确定的市场竞争中发现了潜在价值或超值事物，即战略领先。如某地产商以较低价格拿到并开发了一块并不被人看好的土地，这叫识人之未识，取人所未取，具有先见之明，可得先见之利。二是企业创新，可以用同样的资源创出更高的价值，或者创造同样的价值却使用更少的资源，这也是创新的要义所在。三是品牌的经营，成千上万的消费者因为品牌而买放心、称心的产品，以用品牌产品为荣，企业自然就有利润了。

目前，世界上最富有的企业无外乎两种：一种是拥有矿产，另一种是拥有大量的无形资产，如拥有品牌和专利、技术等。强大的产业品牌集群是支撑中国经济持续发展的途径之一。品牌能够产生高额附加值，它通过有形价值创造无形价值并产生溢价而赢取高额利润。很多生产牙膏和肥皂（如宝洁）、巧克力（如瑞士莲）等日用消费品和食品的企业，在技术没有重大突破的情况下，仍能稳坐行业领导地位数十年，其原因就是拥有品牌经营能力。事实上，企业的竞争能力、产业的国际竞争力、国家的综合实力，都与品牌密不可分。

## ● 企业如何正确经营品牌

中国企业过去的竞争力主要体现在四个方面：一是吃苦耐劳的品质；二是相对廉价的劳动力资源；三是广阔的潜在市场；四是关系网优势。与国际大企业相比，中国本土企业最缺乏的就是品牌竞争力。品牌能否在市场上立得住，决定着企业是否有在全球化范围内盈利的能力。

企业的品牌经营成功与否，主要与这四个方面相关：领导者、员工、产品和企业文化。领导者构成战略层面的决策体系，如果领导者的战略管理能力薄弱、思路不清，企业不可能做得好品牌。员工则是构成操作层面的执行体系，一支高素质的员工队伍，是做好品牌的组织保障。产品是企业直接的物化输出，关系着品牌能否真正走出去的成败。而企业文化是关乎整个企业的生存方式及市场定位，可以明确解答品牌产品是怎么来的。

什么样的企业可以做品牌？答案是所有称之为企业的企业都可以做品牌，也应该做品牌。品牌企业一定是实力企业，所谓实力，就是企业的核心竞争力。

核心竞争力的关键在于"核心"二字。但凡良性发展的企业，都有属于自己的核心竞争力。核心竞争力是每个企业所特有的生存能力，它在企业中以多样的形式存在，但本质无差，通俗来讲，竞争力即增加收益降低成本的能力。核心竞争力是独特的，是在短期内不可被模仿的。当然由于激烈的市场竞争，别人会模仿或者抄袭，这就要求一个合格的企业，要不断创新、不断磨炼和完善自己的核心竞争力。

企业的核心竞争力由哪些方面组成？主要看两方面：硬实力和软实力。企业的硬实力一般指企业的设备、技术、工艺、市场份额和营销渠道等，软实力则是品牌、口碑、社会影响力等。硬实力是规模加利润，软实力是鲜花加掌声。硬实力容易做到，也容易失去；软实力不容易做到，但也不容易失去。硬实力会让对手惧怕你，软实力则是让消费者和对手尊敬你。不同的企业，硬实力和软实力的构成比重不尽相同。在很多成功的企业里，软实力的作用要远胜硬实力。对于品牌企业来说，这两样缺一不可。

从根本上讲，经营品牌是企业的生存方式。在激烈的市场竞争环境中得过且过，可以勉强维持生存，但绝对无法长久，从长远来看，企业是不可能这样活下去的。要想长久发展，成为百年老店，必须要通过企业长时间甚至一代代的不懈努力，做好品牌的经营，只有这样才能在市场竞争中立于不败之地。

一个企业品牌的生命，有可能远远长于企业家的生命。今天做企业的人，不仅要做企业家，更要追求做品牌企业家，在一个人有限的生命里，经营好可以流传百年的品牌，才能保证企业可以百年长存。

### ● 传播是提高品牌竞争力的有效手段

市场环境在不断变化，过去有一句俗语叫"酒香不怕巷子深"，这句话在在古代或物资短缺的时代，可能有它的道理。有的地方方圆几十里可能只有一个酒坊，消费者没有其他选择，闻着味儿就找到了。而时过境迁，现在的情况完全不同了，一条街上可能就有好几家卖酒的，更严重的是有的干脆就搬到了巷口。如果继续待在巷子深处，仅凭酒香来吸引顾客，已经不够了。退一步讲，消费者即使仍然被你的酒香所吸引，但很可能还未到巷口就被同行业竞争者拦下了，你的酒香反而成了别人的招牌。所以在现代企业的竞争中，是"酒香也怕巷子深"，想要做好品牌，需要主动走到前台来。

品牌的传播需要故事。比如海尔冰箱，它的质量可以是消费者在使用中获知的，可以是质检部门评定的，也可以由可持续的、可重复的定性定量来表述的，这是企业和产品的硬实力。海尔掌门人张瑞敏用铁榔头砸冰箱检验冰箱的质量，这就是故事。这样的故事，即便是没有用过海尔冰箱的人也能获知并传播。随着故事的传播，海尔冰箱的品牌形象就树立起来了。

## Ⅱ　品牌是企业的重要资产

品牌是一个企业的重要资产，甚至可以说是企业的生命线和生存基石。

### ● 品牌是企业的无形资产

为了保证品牌获利能力的完整性、持续性和有效性，企业必须支付各项品牌的维护费用。纵观全球的著名品牌，像可口可乐、麦当劳这些企业，并不是所在国的支柱产业，但为什么能成为全球最好的品牌呢？主要原因是，它需要大量的资金导入，仅广告成本就十分惊人。比如，一个品牌在美国的导入成本，需要7500万美元，如果中国企业没有这个实力，其品牌要打入美国市场，是不可能的。目前，对品牌在资产负债表上的价值，美国会计制度的摊销政策已经发生了重大变化。以前执行配比原则，要求将购买的无形资产在一定的时期内逐年摊销。现在美国会计准则规定，按照客观性原则，除非所购买的品牌价值有明显的减值，否则不必摊销。

中国市场的对外开放和商品经济快速发展的进程，已将企业无情地推入品牌资产经营的国际竞争轨道。在这种情况下，我们应该尽快更新会计制度以确立品牌的动态价值，促进品牌抵押、担保、上市和交易等资本运作，从而实现品牌作为企业无形资产的功能最大化。

## ● 品牌是企业的话语权

没有品牌就没有话语权。没有话语权意味着什么呢？意味着没有决策权，没有决策权就会丧失最关键的定价权，而丧失了定价权，财富就开始向外转移。有人会说，没有定价权，我们就少赚一点，没有品牌，以量取胜，也能有利润。但很容易被人忽略的是，丧失了定价权，其实就是丧失了市场竞争中的话语权。

改革开放后，一些国际巨头纷纷携知名品牌抢滩中国市场，这些外资产品大多是"中国制造"、由中国人消费，品牌却是跨国公司的，赚取巨额利润的也是他们，而我国的加工企业只能得到低廉的加工费。大家都心痛我们的企业为什么只能赚那么一点点可怜的加工费，并且还是以牺牲资源、环境等为代价的，这就是因为我们没有品牌，没有话语权。

现阶段，我们仍处于低端制造业，对能源和原材料的依赖度极大，在某些领域，例如石油、铁矿石，超过半数来自进口，而随着社会、经济、人口的发展，未来这些世界性资源的涨价幅度之大将远超出我们想象。但因为我们没有品牌，无论我们的出口和需求占比有多大，我们始终没有话语权。如果我们还是走"世界制造中心"的道路，我们面临的巨大风险是显而易见的。所以我们得走"中国品牌"之路，我们的品牌必须要迈向全世界，掌握国际市场竞争中的话语权。

● **品牌是企业引领时尚的旗帜**

品牌的知名度越高，引领时尚的能力就越强。如果人们心中对时尚有记忆，人们就会为时尚多付钱。人们愿意为法国的浪漫制造多付钱，因为在人们心中法国与时尚浪漫有关。例如买香水的时候，都会选择法国的香水，是因为香水是一种浪漫的产品，在消费者记忆中，法国人最浪漫。同样，一块计时手表，十几元钱就能做到准确无误，而十几万元一块手表就不是简单的计时功能了，主要是为了体现手表主人的身价。这也正是品牌的价值所在。

当一个人越来越多地消费品牌时，消费已由基本的功能消费转向了情感消费。而一个新品牌的诞生，往往会催生出庞大的消费群体。这样庞大的消费群体，一定会对整个行业甚至整个社会产生巨大的影响，从而实现时尚引领与先锋开拓，这也正是品牌具有的引领潮流功能的体现。

# Ⅲ 品牌是一种生产力

我们把品牌当作一种能创造新的价值的生产力。这种生产力由品牌所有者和品牌消费者共同创造，综合起来看，品牌生产力体现为以下三种能力。

第一，品牌生产力体现为品牌的交易能力。品牌的交易能力意味着拥有不断购买产品或服务的忠实客户，让你的产品或服务卖得更多、更贵、更久。品牌具有的生产力越强，消费者对品牌的参与度、认知度、忠诚度也就越高。

第二，品牌生产力体现为对市场的领导能力。众所周知，品牌企业抵御市场风险的能力远高于非品牌企业，因为其品牌已成为消费者的代言人，成为品牌化组织里所有人共同拥有的东西。品牌领导力是品牌化组织能力的综合体现，在区隔市场和开辟新市场方面发挥着重要作用，同时也会转化为多元化经营的扩张力和跨地区的复制能力。

第三，品牌生产力体现为品牌的吸附能力与组合能力。品牌的吸附能力与组合能力是基于品牌领导力形成的。建立强大的品牌，对树立投资人信心和吸引优秀人才都非常重要。品牌加上由人才构成的知识体系，资本构成的金融体系，网络构成的信息体系，可以整合世界上任何的产品和服务。

品牌生产力的形成在于经营。麦当劳是全球快餐业的巨无霸，它的汉堡包没有任何技术含量却风靡全球，创造了无数财富，靠的就是品牌经营。中国理应成为世界的经营中心。中国应该把品牌当作支柱产业来经营，唯有如此，中国企业才能真正走向世界。

# Ⅳ 品牌是一种记忆

品牌是一个中性词，品牌的好坏取决于人们对它记忆的好坏。好的记忆就是好的品牌，不好的记忆就是不好的品牌。消费者对品牌记忆的大小、深浅、宽窄、有无个性、内涵多少，就等于品牌价值的大小、深浅、宽窄、有无个性、内涵多少。总之，消费者记住了什么，品牌就有了什么，消费者什么也没有记住等于品牌一无所有。当产品不仅能满足消费者功能需要，更能满足消费者心理和精神需求时，我们就为消费者创造了真正的价值，同时也会给我们带来利益。

什么是好的记忆呢？其实就是对品牌的认同。消费者对你认同了，就会产生购买行为；合作伙伴对你认同了，就会毫不犹豫跟你走。所以，今天做品牌，不管是对内，还是对外，依然要强调认同，依然要建立认同。认同越多，越有机会；认同越深，越能长久。

如何打造让人难忘的记忆呢？

2015 年中国社会科学院拉丁美洲研究所与拉丁美洲开发银行 CAF 联合举办的第五届国际研讨会"公共安全与社会治理：中国

和拉丁美洲面临的挑战"在北京举行，我作为中国拉丁美洲学会的副会长受邀参会。出席这次研讨会的有拉美和加勒比地区国家代表、驻华使节、国内外学者、企业家等嘉宾，包括巴拿马前总统马丁·托里霍斯、联合国拉美经委会贸易和一体化部部长奥斯瓦尔多·罗萨莱斯、经济合作与发展组织发展中心主任马里奥·佩西尼、伊比利亚美洲峰会前秘书长恩里克·伊格莱西亚斯、拉丁美洲开发银行执行主席恩里克·加西亚、拉丁美洲开发银行社会经济研究部首席经济学家费尔南多·阿尔瓦雷斯，中方的嘉宾有中国社会科学院副院长李培林，国务院参事闪淳昌，中国工程院院士、清华大学公共安全研究院院长范维澄等。

在研讨会开幕前一天的晚上，我们安排了相关的嘉宾参观恒源祥北京公司。因为嘉宾主要来自南美，所以我准备了智利的葡萄酒请大家品尝。在品酒的过程中，我问了大家一个问题助兴："我们都很喜欢葡萄酒，我们可以用什么方式来感知葡萄酒的美好？"嘉宾们争相回答："可以通过视觉、触觉、嗅觉和味觉。""大家都猜对了，但还差一个感觉——听觉呢！"坐在我左手边的拉丁美洲开发银行执行主席恩里克·加西亚先生说，"通过摇动酒瓶和酒杯，我们可以听到酒的声音。"我说，"好，您说得很对，我要奖励您一瓶智利1999年的葡萄酒！这酒我们收藏很多年了。"恩里克·加西亚先生喜出望外，连连称谢。这瓶智利美酒不是用普通瓶装的，而是6000毫升的大瓶，是我很多年前在迪拜机场购得，之后一直存放在恒源祥北京公司。加西亚先生抱起美酒，连连称赞，最后他决定在第二天研讨会的欢迎晚宴上请所有嘉宾分享。

第二天的晚宴一开始，开幕式的主持人——时任中国社会科学院拉丁美洲研究所所长吴白乙特地在外交部拉美司司长祝青桥的演讲之前举行了一个仪式，向嘉宾们讲述这瓶巨型葡萄酒的故事。他介绍说："昨晚著名企业恒源祥的刘瑞旗董事长以答题奖励的方式赠予了拉丁美洲开发银行执行主席恩里克·加西亚先生这瓶智利名酒，加西亚先生决定和大家一起分享这瓶美酒，让我们以热烈的掌声向刘瑞旗董事长表示由衷的谢意！"当时大家的目光都投向了我，接着祝青桥司长在演讲中也再次指出，"中国著名企业恒源祥的董事长为我们的论坛提供了支持，让我们对他表示感谢，今后我们希望更多的企业能支持我们的论坛"。

我相信这个特别的仪式让全场的嘉宾对恒源祥都留下了很深的印象。因为让人记忆深刻是品牌经营者的基本功，也是核心专长。

恒源祥一直认为：品牌就是消费者的记忆。打造品牌就是打造记忆。品牌在有形的层面上分产品、产业、行业；在无形的层面上分个人、组织、区域。虽然对象不同，但打造品牌的原理是一样的，就是如何让人们对这个产品、产业、行业，对这个人、组织、区域产生难忘的、深刻的、与众不同的记忆。

想成为一个致力于品牌经营的人，首先要做到无论何时、无论何地，锻炼自己让别人记忆深刻的能力。你有办法让别人记住你这个人，你就会有办法让别人记住你的产品或者服务的品牌。这种能力是相通的，但这种能力需要不断地练习、提升，做到熟能生巧。这种"巧"往往表现在能把有意识的行为变成无意识的行为，我们称之为习惯成性，一旦成为无意识的一部分，就可以做到信手拈来，并可以不断表现出来。其次，想让别人记住你，除了有强烈的意愿，还要懂得好的方法。上述故事中，我运用了打造记忆的两个最主要的方法——"第一法"和"五感法"。"第一法"很好理解，别人没有做过的、没有做到的（例如会前安排参观等），就会让人印象深刻。所谓"五感法"就是尽可能地让别人的五种感官都有所体验，只有这样，印象才会更加深刻。这个案例中两次品尝美酒就是基于这样的安排。

　　一旦有了建立他人记忆、打造品牌的意识和能力，我们会发现打造自身的文化将愈发显得重要。因为记忆、品牌和文化一样是中性词。有好的记忆、好的品牌和好的文化，但也有坏的记忆、坏的品牌和坏的文化。我们要做的当然是通过建立别人好的记忆打造自己好的品牌。建立好的记忆关键是要有好的文化，能被别人认同的文化。简单来说就是，别人对你优秀的文化形成了好的记忆，你便形成了有价值的品牌。至于什么是好的文化，能否被人广泛接受并能否形成或影响生活方式，这正是恒源祥正在持续探索的课题。这虽然还有些抽象，但恒源祥的文化体系很早就提出过我们的价值取向："不可为而为之——做别人想不到、做不到、发现不到、理不到的好事。"不断优化我们的文化，更有助于让人产生美好的记忆、形成良好的品牌。

CHAPTER 2

品牌与文化

品牌从来不是冰冷的存在，每一个成功的品牌都有着自己的灵魂，其背后都有它独特的文化属性，不同的文化属性造就不同的品牌形象。透过品牌的文化属性，我们可以深切感知到品牌的内涵以及它特有的情绪。

# Ⅰ 品牌的内涵

好的品牌都有各自的内涵，我们可以通过不同的维度来感受和认知品牌的内涵。

## ● 一个中心——品牌是消费者的记忆

消费者对品牌记忆的多少决定了品牌的大小。消费者对品牌记忆的深度、宽度和内涵一定程度上就是品牌的深度、宽度和内涵。

品牌是无形资产，它存在于消费者的记忆当中。但品牌仅仅让消费者记忆还不够，消费者的记忆是心动，关键还得让消费者行动——购买商品。品牌原理中的"一个中心"指的是以消费者为中心，让消费者在心动到行动的过程中循环。

所谓以消费者为中心，就是消费者关注和关心什么，我们就应该去做什么。要站在品牌的高度考虑，而不是站在仅仅满足消费者功能需要的角度去考虑。或许有消费者需要最便宜的价格，但企业不能因此就用最便宜的价格满足他，而是应该提供一个合理的价格，是最大价值下的最低价格，而不是没有价值下的最低价格。

当消费者心动并准备有所行动的时候，一定要把他们所需的商品展现在他们眼前才行，这需要做好全国化、全球化的战略工作。

## ● 两层分析——提升品牌价值比例，提升品牌经营能力

在一件产品中，品牌的价值究竟在哪里？究竟有多少价值？如何分配品牌的价值？这涉及品牌原理中的两层分析角度。

首先是从消费者角度分析品牌的价值比例。

一件产品的出厂价和零售价之间有差价，我们把这个差价视作品牌价值。品牌价值在零售价中占据的比例，近二十年来发生了明显的变化。

以前，一件产品从生产环节到流通环节，价格变化很小。虽然改革开放之初市场上已经有了很多品牌，但消费者对于品牌在产品价格中所占的比重并不认可，当时的消费者对于品牌的感受主要基

于价格、款式、颜色和质量等物质形态。今天，市场环境已截然不同。一件产品从生产环节到流通环节，价格变化明显增大，而且这种变化的趋势还将在大商业业态下持续发展。这种持续的发展将造成两极分化，非品牌产品的利润空间会逐渐萎缩，而品牌产品的利润空间则会不断地放大。

恒源祥品牌市场运行的表现，据不完全统计，恒源祥品牌价值在产品零售价格中所占的比例大约在25%到50%之间。世界上最优秀的品牌，其产品的品牌价值空间是巨大的，最高可以达到95%以上，因此我们还有很长的道路要走。

其次是从价值链角度分析品牌的价值分配。

品牌的价值体现在整个价值链中，所以它并非品牌拥有者可以独享。以品牌价值占零售价的50%为例，这50%的价值还会在供应商、制造商、经销商、零售商、品牌持有人等各方之间进行分配。

各方能在50%的价值中分得怎样的比例，取决于各方为品牌价值所做出的贡献，取决于各方品牌经营的能力。

在恒源祥联合体内，恒源祥品牌极大地授权给每个成员使用，但有些工厂品牌经营得好，分得的利润就多；而有些工厂不懂品牌经营，分得的利润必然就少。经销商、零售商也有相同的情况。从中我们可以得出这样的结论：要想从品牌中获得利润，关键不在拥有品牌，而在于拥有经营品牌的能力。凡是对于品牌经营认识得深、经营能力表现得充分的成员，所获得的利润比例自然就越高。而那些以为拥有了恒源祥品牌后工作就结束了的加盟者，是不能长期获得更多效益的。简而言之，对于品牌经营谁懂得多、做得多，谁就拿得多。

恒源祥是有价值的品牌，但经营品牌不仅仅是集团公司的事情，需要联合体所有成员在共同地、有效地使用品牌所组合到的资源的基础上，不断创新，目标一致地满足消费者的需求。

## ● 三种经营——资产经营、资本经营和品牌经营

消费者的需求是多方面的，可分成生理需求、心理需求和品牌需求三个层次。研究发现，消费者在为满足品牌需求上支付的钱最多，这就是经营品牌的理由，这也决定了经营品牌的企业要把片面追求技术、款式、新原料等物质的经营转换成能满足消费者品牌需求的经营。

企业的经营活动，可分为资产经营、资本经营和品牌经营三个层次。几乎所有的企业都有品牌，区别只在大与小、有名与无名、消费者记忆与不记忆。一个企业的资产经营、资本经营、品牌经营构成了一个企业完整的经营活动。现在有更多的企业醒悟过来开始经营品牌，我们的党和国家领导人也开始强调经营品牌，指出品牌关系到国家的命运与未来。

当政府的环境建设、企业的认识、品牌带来的效益让人们更多地开始加大品牌投入的时候，全社会就会形成一个追求品牌消费的市场，这时如果中小企业如果不快速地成长，不尽快地进入经营品牌的领域的话，未来在品牌领域会很难生存。

## ● 四种形态——卖产品、卖品牌、品牌经营、经营品牌

企业除了具有三种经营活动外，销售产品还具有四种形态：卖产品、卖品牌、品牌经营、经营品牌。

卖产品，是以产品的价格、质量、款式等物质形态为特征的买卖活动，其中质量不单纯指产品的质量还包括产品品质。

卖品牌，指超越了卖产品的概念，经营者能够把品牌的文化、历史、内涵、个性传递给消费者，并与品牌设计要求一致。

品牌经营，是品牌的综合表现，是通过讲述品牌故事等方法，让消费者感受并牢记品牌不仅仅有个性，还具有怎样的个性。

经营品牌的层次最高，它要求不断创造出新的消费者体验，并且这种体验还可以被广泛地复制和使用，这是未来发展的方向。

## ● 五种感官感受——视觉、听觉、嗅觉、味觉、触觉

美国有研究发现，使用柚子香水的人感觉上要比实际年龄年轻，不同的颜色会给人不同的重量感觉……这些关于人的五种感官与人的心理的关系的研究给品牌研究开创了更多的空间。恒源祥正与美国莫奈尔化学感官中心进行相关项目合作，主办全球感官品牌论坛，对感官与品牌的关系进行探索。

这样做是为了让消费者对恒源祥拥有更深的体验和记忆。事实已经证明，消费者往往只能记住第一，不能记住第二。所以，一个企业与其做一百件第二的事，还不如做一件第一的事。

做第一有两种方法，一是创新，二是把最简单的事情做到极致，做到永久。创新做到第一需要智慧，需要资本力；把简单的事做到极致需要耐力，需要永不放弃的决心。

## II 品牌的"情绪"

我比较认同这样一个观点：品牌应该是一种情绪，一种直观的感触，是发自内心的感受，是顾客对一种产品或一个公司的直观的感觉。

生活中，我们每个人都可能被自己的情绪左右。人的情绪状态会过滤吸收和输出的信息，会根据情绪是否高涨、平静或超然作不同的处理。例如，如果你觉得情绪激动或紧张，沟通就有可能受阻，本应更理智的思想过程可能被这些情绪所蒙蔽，理智会服从情绪接受信息。所以，一个成功的品牌往往能够巧妙地调动客户的情绪。可以说，当客户看到你的产品或者品牌时，情绪"不正常"，我们的销售就"正常"了。

真正的品牌应该是一个居领导地位的品牌，比如耐克在服装业，宜家在家装业，可口可乐在饮料业，提到这些品牌，消费者头脑中自然而然地会产生联想，而这些联想，已经跳出了品牌本身代表的产品。比如耐克代表力量，宜家代表便捷和快乐 DIY 式的家具，每一个品牌都有一个比较独特又非常清晰的价值观，这就是品牌所代表的内涵。

那么"恒源祥"这块金字招牌以及支撑这块招牌的价值观是什么呢？恒源祥的情绪特质有哪些？

从一家普普通通的老字号商店到今天发展成为一个庞大的集团，从当初仅拥有一个花费 200 元注册的普通商标的绒线专卖店到如今的品牌价值近 200 亿元人民币的大企业，恒源祥 90 多年异乎寻常的发展印证了"不可为而为之"的品牌精神。恒源祥所探索的"中国品牌之路"对中国从制造大国向经营大国转型具有重大意义。

可以说，当广大的消费者每天晚上听到中央电视台黄金时段"恒源祥，羊羊羊"这六字广告，看到画面上万羊奔腾的盛景时，其思维早已跳出了绒线的羁绊，进入了恒源祥美妙而富于传奇色彩的精神世界。

一个品牌，只有做到这一步，才能让消费者成为你的终身顾客。消费者只认定你是唯一选择，就算在货架上一时找不到你的产品，也不会投向其他品牌的怀抱，他们就是冲着品牌而来，他们所需要的绝不是简单的物品。

# III 品牌铸造，文化先行

随着现代科学技术的迅速发展和经济全球化、贸易一体化浪潮的冲击，在当今市场上，几乎所有的同品类产品都趋于同质化。通过成本、技术和管理创造的市场空间已经不大。而另一方面，消费者的消费观念也发生了巨大的改变，人们的消费不仅仅是为了满足生理的需要，更是为了满足心理、精神的需要。在强手如林的市场上，企业要想脱颖而出占据一席之地，就必须在自己的品牌和产品上建立具有差异化的个性和文化价值，而只有当这种品牌个性和品牌文化被消费者所认同和接受，能够充分满足消费者心理、精神和文化的需求时，才能最终为企业和消费者创造和实现价值。

历经 90 多年的发展，特别是近 30 年来实施的以品牌文化为先导的品牌战略，恒源祥积淀了深厚的文化底蕴，在品牌文化建设方面积累了丰富的经验。可以说，恒源祥经营的是文化，发展的是文化。恒源祥能有今天，靠的就是继承传统历史文化，不断创新品牌文化。在建设品牌文化的过程中，恒源祥始终将自己的品牌文化深深地扎根于中华民族优秀文化的沃土之中。作为品牌商标标识的"恒源祥"三个字，就是 1927 年恒源祥的创始人沈莱舟先生取自自己店堂内的一副对联"恒罗百货，源发千祥"，其中蕴涵了深刻的文化内涵——恒：恒古长久；源：源远流长；祥：吉祥如意。合起来就是：恒源祥将给天下人带来源源不断的吉祥和财富。

恒源祥的一句著名广告语"恒源祥，羊羊羊"，在国内家喻户晓。有这样一个真实的故事，曾有一位黑龙江省女教师给我们来信说，她未满周岁的小男孩，每天晚上要听到中央电视台晚上 7 点新闻联播后恒源祥的广告语"恒源祥，羊羊羊"才能安睡；有一段时间没听到这段广告语，这个小男孩哭着闹着就是不肯睡觉。恒源祥品牌文化影响力之深，可见一斑。

消费者是恒源祥最大的利益相关者，是恒源祥关注的焦点。恒源祥的一切工作包括品牌文化的培育和塑造均围绕消费者展开。羊是十二生肖之一，自古以来人们就认为"三'羊'开泰""示羊为祥""羊大为美"，将羊看做五谷丰登、幸福安康、安定祥和、尊贵财富的象征，这种羊的文化和羊的情结，已为全体炎黄子孙所普遍认同，成为一种深刻自觉。而恒源祥又是一家致力于羊毛及其制品的生产、开发与研究的民族企业，和羊具有极其深厚的渊源。恒源祥的产品是以羊为中心渐次推出的，相应地，恒源祥的品牌文化建设也是以羊为核心逐步展开的。中华民族绵延数千年的羊文化已经深深地融入恒源祥的品牌文化之中。可以说，恒源祥的品牌文化就是羊的文化。人们已经自然而然地在恒源祥和羊之间建立了品牌联想，认为恒源祥就是"羊羊羊"，"羊羊羊"就是恒源祥。这种专属于恒源祥的以羊文化为核心的品牌文化具有不可复制性和不可替代性，是恒源祥核心竞争能力的重要组成部分。

恒源祥的任务是为消费者创造价值。因此，恒源祥要深入了解消费者的个性化需求，创造消费者需求的个性，再生出历史、故事和事件，用广告、宣传、公关和直销等方式达到最为广泛的传播。恒源祥要充分发动消费者，使消费者将恒源祥品牌个性与产品个性相叠加，以超大规模、最低成本、最优质量和极具个性的方式进行营销，使消费者对恒源祥由认知、认同、忠诚走向信仰，最为充分地满足消费者的需求。

恒源祥的品牌传播是以品牌文化传播为先导的。2005 年恒源祥与中央电视台《同一首歌》栏目在上海共同举办"《同一首歌》走进上海、相约恒源祥"大型文艺演出晚会，演出实况通过中央电视台向全国进行多次重播，极大地宣传和普及了恒源祥的品牌文化。2000 年恒源祥出巨资拍摄以恒源祥品牌的创建和发展为主要内容的二十集大型电视连续剧《与羊共舞》，以电视艺术形式在恒源祥和观众之间架起了沟通之桥。通过艺术地再现恒源祥的品牌故事，使人们进一步了解恒源祥的过去和现在，更加关注恒源祥的未来。《与羊共舞》在中央电视台和各地方台播出时具有较高的观众收视率，取得了良好的传播效果。

恒源祥品牌文化的传播，更多是以与消费者交流和互动的方式进行的。绒线编结是一项具有展现时尚个性、体现亲情关爱、有益身心健康等特点，为人们特别是女性所喜爱的活动。早在 20 世纪三四十年代，恒源祥就邀请当时最著名的冯秋萍等绒线编结大师以坐堂现场指导、编写和赠送绒线编结书籍等方式进行绒线编结推广活动。在 1994 年和 1995 年，恒源祥连续举办两届以体现亲情关爱、展示时尚和个性为主题的"小囡杯"母与子绒线编结大赛（1994）和"恒源祥杯"绒线编结大赛（1995），在全国引起了巨大的轰动。2005 年，恒源祥与某基金会合作，在相关省市妇联、该基金会以及新闻单位的支持下，在全国十个省、市、自治区陆续启动了以关爱孤残儿童、奉献一片爱心为主旨的"寻找万名爱心父母为孤残儿童编织爱心毛衣"的社会公益活动,以推动全社会关注、关心和关爱孤残儿童,给予孤残儿童更多的快乐和温暖,得到了社会各界的广泛响应。通过这项具有较高公众参与度的"编织爱心毛衣"活动,讲述了一个个为孤残儿童寻找母爱、呼唤社会亲情回归的爱心故事,恒源祥品牌中富于亲情关爱、欢乐祥和、勇于承担社会责任的文化个性和人民群众所普遍具有的扶危济困、宽厚仁爱、热心公益事业的美好心灵,它与其奉献精神相沟通和交融,加深了消费者对恒源祥品牌文化的认同感。

追求卓越、不断创新和创造第一,是恒源祥品牌文化和品牌精神的核心,体育竞技事业所体现的奥林匹克精神就是"更快、更高、更强、更团结",就本质而言,恒源祥的品牌精神和奥林匹克精神是一脉相承的。因此,恒源祥从实施品牌战略开始,就将支持和赞助体育竞技事业作为品牌文化建设的重要工作。当人们在绿茵场上、在电视机前观看精彩的体育赛事,为体育健儿永不言败的拼搏精神和精彩表演所感动并从中得到心理和精神的满足时,就会对不断创新和创造第一的恒源祥品牌精神留下深刻的记忆、体验和联想,从而与恒源祥的品牌文化产生巨大的共鸣。

就本质而言,品牌是消费者的记忆和认同。从这个意义上说,恒源祥品牌是属于每一个消费者的。恒源祥已经将自己的发展目标定位于打造中国第一、世界一流的百年品牌,要实现这个目标就必须有更加强势的品牌文化做支撑。因此,恒源祥的品牌文化建设是不断创新的,今后的工作将任重而道远。但是我们坚信,只要坚韧不拔做出不懈努力，我们就一定能够实现自己的战略目标。

# IV 平衡是道，变革为要

在品牌的发展过程中，要把握平衡与变革的关系。平衡是道，变革为要，二者缺一不可。

## ● 平衡是道

在我们日常的生活中，不平衡的感觉时常发生，或多或少地打扰着我们。其实，如果我们能从哲学的角度来看，世上的一切都是一种平衡，不平衡的现象可能是暂时的、阶段性的、局部的……最终都会趋于平衡，如果不平衡，什么都不会存在。

举个比较极端的例子：我们生活的地球半径是 6371 千米，赤道周长 4 万多千米，这样一个球体不能说不大，但是就这么一个巨大的球体悬在空中，它为什么不会掉下来？因为地球在自转的同时还要绕着太阳公转，地球和太阳之间存在着一股相互作用的巨大力量，这股力量让两者取得了一种平衡。如果不平衡，地球就会"脱轨"，就会消亡。太阳系中的恒星、行星和卫星之间都存在着相互作用的力量，并形成了平衡系统，也只有平衡，才能稳定，才能生存，这就是平衡的力量。

其实，中国的古人很早就了解了"平衡是道"。浓缩中国古代智慧的代表著作之一——《易经》讲的就是平衡，其实书名就鲜明地表达了全书的观点，易字上部是日，下部是月，日是阳，月是阴，加起来是"易"字，是阴阳平衡的意思。

天地之间肯定是平衡的，但是一旦落在每个具体的人身上，却很难求得终极的平衡。在宏大的自然面前，人显得如此渺小；在宇宙百亿年的历史长河之中，人的一生如同一次眨眼般短暂，但对于我们每一个人来讲，这一辈子是我们的全部，也就意味着我们更需要在短暂的一生中尽可能求得平衡，这种平衡不但是身体的平衡，更重要的是心理的平衡。这种平衡不是社会给的，而是自己调节创造的；这种平衡讲求的是顺天应人，讲究人与人、人与社会、人与自然之间的平衡。只有平衡了，我们才可以生存，才可以生存得更快乐、更美好！

人在世间为什么时常不平衡，其中一个很重要的原因是我们被种种观念、制度、环境所"设计"而不自知，如果我们能对此有所觉悟，或许我们就可以获得更多的平衡，获得更多的快乐和财富。

举个大家熟悉的例子。不少人有炒股的经历，如果我持有某一股票 10000 股，今天每股 10 元，第二天涨到 12 元，那么是不是意味着我今天有 10 万，明天就有 12 万了呢？其实不是的，只要我没有从股市里将钱拿出来，账面上的数字还不算数，同样，只要我没有新的买卖，账面上的股票也不会从 10000 股变成 12000 股。同理，如果第二天每股跌到了 8 元，是不是就亏了呢？其实只要不退出股市，永远没有最后的输赢，只有当你退出的时候，才知道赚了多少、亏了多少。

其实，人生如同股市，不到最后时刻，没有成败得失的定论。人生的不平衡往往就是因为人没有长远的抱负、坚定的信念，而为一时的成败得失悲喜交加、内外交困。人生要想有大平衡，关键是要改掉仅关注当下，不关注未来的坏习惯。无论是做人还是做事，首先能知道自己的使命是什么，也就是自己人生的目标是什么，自己这一辈子要到哪里去；其次要知道自己的价值观是什么，也就是自己是谁，自己要成为一个怎样的人，自己鲜明的个性究竟是什么；最后要知道为了实现自己的使命，体现自己的价值观，需要具备怎样的好习惯。这三个方面就是企业文化转型的基本内容，我们如果能早一点想明白这些问题，我们就不会为当下或者一时的得失所迷惑，从而保持平衡的人生状态，体悟人生的真谛。

古人认为：人三十而立，四十不惑，五十知天命，死之前大彻大悟。我常对公司的员工说：年轻人最好三十就知道天命，到五十的时候能大彻大悟，只有更早获得平衡，人才能赢得更多的时间、空间让自己的人生价值最大化。这是变革的前提和基础。

## ● 变革为要

唐代史学家吴兢的《贞观政要·慎终》有句名言："非知之难，行之惟难；非行之难，终之斯难。"意思是说，懂得某个道理并不是难得的，而真正难得的是在实践中运用这个道理；并不是说会运用某种理论就是最难得的，最难得的是能有恒心在这条路上走到尽头。

　　恒源祥联合体每一个成员在事业发展上，都应该懂得经营品牌的理念，需要实践的是品牌价值的创造和实现，并将自己负责的环节——无论是生产还是销售做到第一，做到极致。知道了解这个目标不难，难的是需要我们持之以恒地朝着目标不断变革，不断奋进。

　　在提升经营品牌能力的过程中，首先要变革的还是我们的观念。举一个例子：恒源祥品牌是属于谁的？绝大多数的人会回答：恒源祥品牌是属于消费者的，消费者是恒源祥品牌最大的利益相关者。但在实际的运营中，集团、加盟工厂和销售商是为消费者创造价值的主体，所以，很多人都认为恒源祥品牌是集团的，集团的大股东是刘瑞旗，所以恒源祥品牌是刘瑞旗的，这种观点在联合体里很有市场，但是我们为什么不认为恒源祥品牌是每一个联合体成员自己的呢？要知道，这两个观念可以让我们做事、讲话的心态完全不一样，最后的结果当然也可以有天壤之别。

　　恒源祥品牌属于谁，完全取决于观念和实践：你要不要把品牌看成是自己最大的资产？你是不是已经把品牌当成自己最大的资产在运营？运营的结果怎么样？运营包括不断地为品牌创造价值，通过在创造价值中去实现价值，在实现价值当中再去创造价值，循环往复、持续提升、做长做久、做大做强。当联合体的成员能做到这一点，恒源祥品牌就是你的，恒源祥品牌所带来的财富也就属于你了。

　　需要改变的观念还有很多，在改变观念的前提下，我们要变革的还有我们的行动。在文化转型工作中，我曾经提出过三个问题："我们缺什么，还要补什么？""我们还有提升改进的空间吗？""我们竭尽全力了吗？"我们在日常的行动当中不妨时常问问自己这三个问题，因为提升经营品牌的能力是永无止境的，在这方面，我们必须成为第一，即便暂时还没有成为第一，也要在成为第一的过程之中；即使成为了第一，也要持续地保持第一，因为未来的世界没有给第二留下位置。

CHAPTER 3

# 品牌与财富

现实中，品牌与财富具有最为直接和密切的关系。人们最关心的，是品牌如何创造财富，如何更好、更多地创造财富。

## Ⅰ 品牌炼金术

传说中的炼金术是一门源远流长的学问，其目标是将一些基本金属转变为金子。在炼金术士的眼中，炼金术一方面偏重于实际操作，现代化学实验室内使用的设备和技术，有许多是从中发展而来的；另一方面，炼金术又很强调精神的修行。许多炼金术士相信，炼金术是神赐给有智慧的人领悟真理的工具。虽然现在的科学表明这种方法是行不通的，但是对炼金术的追求，本质上反映了人们对把平淡无奇之物变得价值连城的渴望，而炼金术注重实践和领悟的特点与今天的品牌运作之法也有很大程度上的类似。

相同的产品装在不同的品牌中，产生的溢价存在巨大的差别，而且，品牌的溢价不全归品牌持有人所有，而会在供应商、制造商、经销商、零售商、品牌持有人等各方之间进行分配。分配的比例取决于各方为提升品牌价值所做出的贡献，取决于各方品牌经营的能力。

对价值链上的所有成员而言，想要通过品牌炼出更多财富，途径似乎只有一条：那就是在品牌的大旗下，将自身最擅长的环节做到极致，产生更多的品牌溢价进行分配，并争取在品牌溢价的分配中占据更多的份额。

## ● 事与愿违，身陷恶性竞争的泥沼

在当今市场生存压力越来越大的背景下，多数成员都能意识到：整个价值链只有带着"利益休戚相关"的共识共同致力于品牌增值战略，才能确保和提升各自的长期利润。

但是，在具体的实施过程中，很多成员却常常会"短视"和"急功近利"，陷于价格和产品的恶性竞争等众多困局中。

困局一：在面临激烈的市场价格竞争时，销售商会不假思索地倾向采用一种快速而简单的方法来面对受到的挑战。首先，要求产品生产企业降价，希望能榨出一点利润空间来；其次，几乎本能地降低零售价格，以期通过扩大销量来增加利润。与之相对应的，制造商为降低失去销售商造成的损失，可能被迫同意降价。为维持工厂原有的利润，通常采用降低产品品质的做法保证利润空间。

困局二：在面临激烈的产品同质化竞争时，很多成员开始怀疑自己的品牌，心智开始被市场中的竞争对手左右。例如，看到对手的某种产品好卖，就一窝蜂地开始生产或者销售类似的产品。总之，想的、做的就是如何模仿和抄袭对手，而不是如何通过创新体现差异化，最后迷失了发展的方向。在市场上，为此惨败的教训比比皆是。

## ● 走出困局，化腐朽为神奇

价值链上的成员受着事与愿违的煎熬，那么是否有好的方法走出困局呢？

首先，所有成员都必须压制一下各自对快速、短期利润的渴望，同时修正自身关于品牌盈利的看法。目前，绝大多数的成员最关心的是品牌能直接带来的效益，不太关注并分析如何通过转化品牌的资源创造价值，更不用说主动创造品牌的价值了。也就是说很多成员没在做品牌的工作，而只是在做用品牌收钱的工作，即没做投资品牌的事情，只做了品牌透支的事情。众所周知，这种做法无疑是"杀鸡取卵"。为了持久地获取利润，整个价值链的成员要共同维护品牌这一最大的财富源泉，谁要是违背了这个大原则，其他成员必须给予严厉的制裁。

其次，成员要考虑如何实践品牌的原理。面对激烈的市场竞争，成员往往在不知不觉中沉浸在处理眼前的问题和矛盾中，将大量的时间花在并不关键的事情上，反而把品牌经营这一真正重要的事情搁置在一边。这种行为具有一定的积累性，越不重视品牌经营，就越会吃力不讨好。

那应该如何实践品牌的经营呢？

例如，制造商可以根据品牌的原理提供更能满足消费者心理需求和品牌需求的产品或服务，鉴于消费者会为此支付更多的费用，制造商可以为产品或者服务制定更高的价格，而无须降价。由于制造商走在了行业的前沿，虽然销售商为所提供的产品或服务支付了更高的价格，但他们会认为这样做能提高今天和未来市场的份额，增加收入，并赚取更多的利润。

所以，为了创造更多的效益，价值链上的所有成员每天要问自己：今天花了多少时间去学习、思考、实践品牌的原理。

最后，制造商和销售商在工作中需要常常检查自己的工作成果能否满足消费者。即便满足了消费者也要追问以下三个问题：第一，产品或者服务满足的是消费者哪一方面的需求。品牌的原理指出，品牌是将最新的原料、最好的款式、最新的科技、最优质的服务转换成满足消费者的品牌需要而非物质需要。第二，到达消费者的时间和成本有多少。到达消费者的时间越短、成本越低，就越有竞争力。耐克在刘翔刷新百米跨栏纪录后的十多个小时，就能将全新的广告亮相于消费者的面前，不能不让人叹服国际大品牌的反应速度。第三，是否有持续的改进和提升。因为消费者的需求会不停地发生变化，所以需要时时关注。更为重要的是，满足消费者已经意识到的需求没有大的价值，关键还要发现并满足消费者存在但自己还没意识到的需求。

就如同炼金术讲究实践和领悟，品牌炼金术的关键也在于不断地实践和领悟。要想从品牌中获得利润，关键不在拥有品牌，而是拥有经营品牌这一点石成金的能力。


# ‖ 投资什么才赚钱


　　没钱的想赚钱，有钱的想赚更多钱，很有钱的想长久赚钱。曾有人或明或暗地问过我：现在投资什么才能赚钱。没问过我这个问题的朋友们，我也半开玩笑地问过他们：如果你有 10000 元，你会投资什么？他们经常会说：现在股市下跌了，楼市限购了，艺术品市场"水太深"了，原来有很多投资方向，现在变得没方向了，也只能买银行的理财产品。

　　所以，投资什么变成了大家的难题，让人痛苦。

　　在回答这个问题前，我们首先要明确投资和投机之间的区别。对我们而言，在当下的中国，或许可能通过投机，在短期内赚到一点钱，但从长期看，我们能否靠投机一直赚钱呢？我认为这是不可能的，因为我们不是投机"家"，大多数人还不具备这个水平。所以，我们要回到投资这一条道上来，解决投资什么以及如何投资的问题。

　　从 2011 年开始，我卸去了恒源祥集团总经理的职务，具体的业务我不再负责，腾出来的时间和精力去做"国家品牌和国家文化软实力"的课题研究。

其实做出投资品牌和文化研究的决定，绝对不是心血来潮。我对文化的关注始于 1997 年，当时我认识了现在的文化顾问，并从管理文化的角度开始研究文化问题。1999 年，恒源祥内刊《创导》的创刊号还刊登了我的一篇文章《谁有文化跟谁走》。从对文化的朦朦胧胧、模模糊糊的状态一直到今天，经过二十多年坚持不懈地学习、研究、探索，我越来越清晰地认识到一个道理：文化决定命运，品牌决定财富。纵观历史，但凡今天被视为成功和伟大的国家、组织或者个人，都有优秀的文化，这些优秀的文化都有惊人的相似点——为人类社会创造福祉的使命和愿景，普世、准确的价值观念，合乎规律、科学合理的方法论……我把这些都称为具有好的文化个性。有了好的文化个性的国家、组织和个人，特别容易被人深刻记忆和认同，甚至崇拜和信仰，也就成为了品牌。

我想换个角度，说说国家、组织或者个人没有品牌有什么坏处？

可以这样说，一个国家、一个组织、一个人，如果没有品牌的话，就已经到了危险的边缘。

我曾提出过财富向品牌转移的观点。这种财富转移是怎样的势头？有报告分析指出，2012 年春节期间，中国消费者消费额分别占据了欧洲奢侈品市场销售总额的 62%、北美奢侈品市场销售总额的 28%、港澳台奢侈品市场销售总额的 69%。这还只是春节消费的数额，不包括全年的消费数额。这一现象说明财富向品牌转移，中国如果没有品牌，未来转移出去的财富还会更多。

也许你要说，购买大品牌是富人的游戏，作为平头老百姓，没钱买奢侈品，这部分钱想转移也不可能，其实不然，没有品牌的危害还不在于此。

我曾提出一个观点，品牌是信用资产，没有品牌就没有信用，没有信用，你讲的话，就没人愿意听，更没人愿意信，因为别人害怕你做出突破法律和道德底线的事，这就导致你没有话语权。没有话语权意味着什么呢？就没有决策权，没有决策权最关键的就会丧失定价权，而丧失了定价权，财富就开始向外转移。大家都心痛中国的企业为什么只能赚那么一点点可怜的加工费，并且还是以牺牲资源、环境等为代价的，因为我们没有品牌，没有定价权。

有人会说，没有定价权，我们就少赚一点，没有品牌，以量取胜，也能有利润。这里我要指出的是，因为我们处于低端制造业，对能源和原材料的依赖度极大，在某些领域，例如石油、铁矿石，我们的进口程度已经超过了一半，而随着社会、经济、人口的发展，未来这些世界性资源的涨价幅度之大远超出我们想象。此外，因为没有品牌，无论我们的出口和需求占比有多大，我们还是没有定价权。所以如果我们还是走"世界制造中心"的道路，我们面临的巨大风险是显而易见的，我们得走"中国经营"之路，将中国的品牌、文化卖向全世界。

说到这里，有人要问，你研究企业品牌和文化尚且和恒源祥有关，你研究国家品牌和文化有什么用？我想说，国家品牌和企业品牌息息相关。国家没有品牌，国家形象没有被全世界认同，这个国家的企业、企业的品牌和产品就会受连累，同样得不到好的认同。所以，恒源祥致力于研究国家品牌和国家文化的课题，并从国家、组织和个人、行业、产业和产品等维度进行课题的分解研究，这样各方面都能从中长久地获益。

财富向品牌转移，而文化决定品牌。绝大多数的人还没有建立起品牌意识，在某种程度上还不是钱的问题，是因为我们没有形成要去做品牌的文化个性。缺少这种文化，有形财富的传承风险很大，因为一旦发生危机，首先消灭是的货币，其次是物质形态的财富，而文化与人同在，很难被消灭。所以把自己的文化个性建立好，在这基础上建设好的品牌，并让文化和品牌代代相传，这值得国家、组织、个人最大程度地投资。

# Ⅲ 着力发展品牌经济

在当今日益激烈的国际竞争中，品牌已成为企业和国家发展的战略性资源和国际竞争力的核心要素之一。品牌经济是品牌在市场竞争中充分发展的结果，是一国经济发展达到较高水平的重要标志。因此，培育发展品牌和品牌经济是推动我国经济发展迈上更高台阶的重要途径。

## ● 发展品牌经济势在必行

强大的品牌集群已成为国家经济发达的特征和标志，发达国家国民生产总值中相当高的比例来自于品牌创造的价值。第二次世界大战以前，发达国家往往通过战争和殖民统治掠夺财富和资源。如今，发达国家在全球市场上借助强大的经济、科技、金融等优势，凭借强大的品牌资产，攫取大量廉价资源与超额利润，在世界财富分配格局中居于主导地位。

改革开放以来，我国经济持续快速增长，消费市场不断扩大，居民消费水平不断提高，正大步走向品牌消费时代。但与此不相适应的是，我国企业拥有的世界知名品牌很少。这就造成了洋品牌在国内消费市场盛行的局面甚至在一些领域形成垄断局面。许多跨国公司在我国进行战略布局的一个重点，就是企图通过强势品牌、专利权等长期控制和垄断我国市场。若要改变这一不利局面，增强我国的品牌竞争力，推动我国经济持续快速健康发展，就必须着力发展品牌经济。

### ● 企业：提高品牌经营能力

发展品牌经济的过程，就是通过培育品牌不断提升企业核心竞争力，进而增强国家经济实力的过程。目前，我国制造业发展取得了长足进步，许多产品的质量与国际知名品牌已相差不大，但销售价格却相差很大，跨国公司由此赚取了巨额利润，而我国从事贴牌生产的加工企业只能得到微薄的加工费。这其中的重要原因在于品牌具有溢价效应，同样品质的产品贴上不同的品牌，市场价格就大相径庭。

做大品牌，放大品牌的溢价效应，需要提高企业的品牌经营能力。在市场经济条件下，资源往往跟着品牌走；品牌做得好，有助于企业用好国际国内两个市场、两种资源，增强竞争力。例如，1987 年恒源祥集团把"恒源祥"注册成商标，开始走品牌经营之路，用品牌激活有形资产，建立品牌价值链，形成了一个跨地区的企业集群，在长江三角洲地区培育出 70 多家资产上千万的民营企业，为 6 万人提供了工作岗位。目前，"恒源祥"品牌羊毛衫市场占有率居全国第一，手工毛线市场占有率居世界第一。实践使恒源祥集团认识到，不断提高品牌经营能力是发展品牌经济的重要基础。

### ● 国家：实施品牌发展战略

经过改革开放 40 多年的历练，我国一些产业已具备了问鼎世界顶级品牌的能力，却没有成熟的品牌战略，品牌经营的能力还不强。这就需要我们尽快制定和实施品牌发展战略，推动我国经济早日进入品牌经济时代，这需要从三个方面着力：

一、制定品牌战略规划。在我国，从企业层面到国家层面，品牌战略都处于初级阶段。实现从"制造大国、品牌小国"向"制造强国、品牌大国"的转变，需要科学制定中国特色品牌战略规划，形成促进民族品牌快速成长的长效机制。

二、完善品牌成长环境。我国品牌资产的社会认可程度还比较低，企业很难借助品牌这一无形资产进行融资，实现更大发展。改变这一局面，需要国家在法律、政策、市场竞争和社会氛围等方面为品牌成长营造良好的环境，特别是制定和完善支持品牌发展的相关法律法规，建立健全有利于无形资产、商标资产、品牌资产发展的体制机制。

三、大力推进自主创新。我国企业加强品牌经营，面临着突出的技术瓶颈和竞争压力，需要国家大力加强对自主创新的鼓励和保护，特别是完善相关法律制度，严格执法，加大知识产权保护力度，使企业能够充分获取自主创新和品牌经营的收益。

# IV 警惕品牌消费的财富转移

产品的质量很重要，中国的产品质量越来越好，做得也越来越精细，但是我们的企业面临着越来越多的困惑：很多产品在质量上已经没有区别了，同质化发展的趋势下我们还能干什么？

2004年，在上海恒隆广场，LV创造了中国市场一天中最高的销售纪录——260万元的奇迹；两年后，这一纪录在杭州大厦被刷新：一天销售超300万元。为了让LV入驻顶级商场，许多商场对这样的大品牌通常都提供很优惠的政策。那些价格贵得不可思议、几万元一只的皮包，很多款式平淡无奇，中国一些质量优秀、做工优良的品牌皮包与它几乎没什么区别。可是我们的皮包一只仅仅几百元，消费者还要左思右虑，而对上万元的 LV 却趋之若鹜。是什么使 LV 有如此的吸引力，有如此的销售业绩？是品牌。当产品质量之间的竞争已没有太多区分的时候，使产品产生价值区分的就是其产品本身的品牌。

2008 年中国的人均 GDP 已经突破了 3000 美元，这标志着中国品牌消费时代的到来。

消费者的三种需求是功能需求、情感需求、价值需求，中国在解决了自己的基本温饱之后，已开始进入了追求情感和价值需求阶段，即对品牌的需求。一只计时的手表，十几元钱也能做到准确无误，一只十几万的手表消费就不仅仅是为了准确无误的功能了，而是为了体现手表主人的身份价值。

当中国人在越来越多地消费品牌时，一个问题正变得迫在眉睫：中国人的消费已由基本的功能消费转向了品牌消费。可以预见的是，在未来 20 年，中国老百姓在品牌消费上的支出将迅速增长。但是，我们面临的是举国之内遍布着国外的品牌。日化、手机、汽车、影视等相当多的消费领域被国外品牌垄断，这意味着，中国的财富通过中国老百姓对国外品牌的消费，正由中国向其品牌的所属国转移。

看一下全球财富转移路线：二战时期，列强们通过战争实现了财富由资源性国家、弱国向大国、强国的转移；二十一世纪，全球经济逐步一体化，通过市场经济，不断开放的市场对发展中国家廉价劳动力的掠夺，实现了财富由发展中国家向经济大国的转移；随着金融产品的不断推出，资本泡沫的升级，通货膨胀，使发展中国家的财富向金融强国转移，现在金融、资本泡沫破灭了，下一步，财富转移的路径是什么呢？

品牌消费实现的财富转移将是下一阶段全球财富再分配的一大路径。越来越多的国外品牌正在涌入发展中国家。在这一背景下，建立自己的品牌并使其成为可以被无限复制的资源已成当务之急。

从这个规律和趋势上看，我们现在所做的一切，无论是产品、科研、发明、包装、服务，都要考虑怎么把这一切内容转化为消费者的需要，转化为品牌的个性和风格。如果能够满足消费者的情感需求和价值需求，我们的技术、专利，我们的设计师加上我们的品牌才会真正实现财富的再创造。

# V 论品牌、文化与财富

品牌在现代人的生活中已经无所不在。美国有一家调研公司专门对消费者日常生活中每天会接触的食品、日用品、电子产品、纺织品等二十个大类产品做了一项调查——让受访者说出这二十个大类产品中你所认识的品牌，结果发现能说出品牌名字的平均数不超过七个，这说明什么呢？

这向我们揭示了背后的两个结论：第一，如果你的品牌没有在所在行业中进入前七位，那你的品牌其实就不是真正的品牌。第二，品牌其实就是消费者的记忆，也正因如此，在消费者印象中记忆的程度决定了品牌积累的无形资产的优劣。由此，我们看到，品牌就是另外一种财富形式的存在，那品牌的力量到底能多大程度上影响到财富呢？

再和大家分享一个可能不为人知的事实：2011年生产的苹果手机（iPhone），每一部的利润所得划分情况是，美国分得360美元，德国、韩国和日本分得46.46美元，而中国只有6.54美元。实际上类似这样的事情还有很多很多。品牌的力量带来的财富分布是如此的不平均。

那我们该如何面对这一趋势呢？其实这是一个国家层面的大课题，国家必须要大力发展品牌经济，制定品牌战略，这其中有一系列问题亟待解决。

第一，要发展品牌经济，就要首先获得品牌效应，必须制定明确的品牌战略，并采取有效措施使这一战略落到实处，从而使其成为国家战略的重要组成部分。

第二，要制定品牌战略规划，形成品牌成长的长效机制。发达国家及其跨国公司，都有着成熟的品牌战略和品牌培育规划，而我国从企业层面到国家层面，品牌战略都处于严重缺失状态。要实现中国经济由大变强，必须尽快扭转"制造大国、品牌小国"的窘境。这就需要制定中国特色的品牌战略规划，既有远大目标，又脚踏实地，着力形成品牌成长的长效机制。只有这样，才能引导"品牌大国"建设工程向着健康方向发展，民族品牌才能茁壮成长，才能真正实现从制造大国到"制造强国、品牌大国"的转变。

第三，要完善品牌生存环境，精耕品牌成长的沃土。国家要从法律、政策、市场竞争和社会氛围等方面，为品牌的成长和发展构筑良好的社会环境。当前在我国，品牌资产的认可程度还较低，特别是与国际通行的做法存在较大差异，这就使得我国企业很难借助品牌这种无形资产的价值打动金融机构，品牌资产的间接融资功能无法实现。从大环境看，品牌资产的利用还很不充分，这相当于企业损失了潜在的盈利空间，导致机会成本的大量增加。要扭转这一局面，就必须抓紧制定和完善支持品牌发展的相关法律法规，建立健全有利于无形资产、商标资产、品牌资产发展的体制机制，为品牌成长构建良好的法律与市场环境。

第四，要大力推进自主创新，夯实品牌立足的根基。当前，中国品牌要实现国际化发展，面临着多种技术壁垒和竞争压力。为此，必须以强大的自主创新能力为支撑，加快推进建设创新型国家工程，提升整个民族的创造智慧和创新能力。企业要舍得在科研创新上花大钱，并善于将科技成果转化为产品，打造知名品牌。与此同时，政府要大力加强对自主创新的鼓励和保护，加大知识产权保护力度，加快确立中国特色的知识产权促进法，依法促进中国知识产权事业健康发展。

第五，要加大老字号品牌保护力度，赋予其强盛的生命力。老字号品牌作为我国历史遗留的宝贵财产，其背后蕴涵着深厚的中华文化，在当地乃至全国甚至在世界上都享有很高的知名度和影响力，无疑是一块金字招牌。但不容否认，目前一些老字号品牌，不仅人才、资金流失严重，而且纠纷不断。为此，我们要加大对老字号品牌的保护力度，加大企业非物质文化遗产和老字号企业商标标识的保护力度，帮助企业依法打击各种商标假冒以及制止商标"抢注"等侵权行为，从而使中华民族的老牌金字招牌重新焕发生机与活力。

第六，要着力培育重点品牌，打造中国品牌国家队。可以把获得国家级名牌产品并拥有自主知识产权和市场竞争力强的优势企业作为第一梯队，通过扶持和培育，促使其尽快升级为国际名牌企业，成为代表中国品牌的国家队成员。把具有一定规模、在国内市场占有率较高、消费者比较认可，但市场辐射面和知名度还有待扩展的企业作为第二梯队，加大扶持和培育力度。要善于通过多种形式提升品牌形象，综合利用文字、画面和网络等多种媒介，多渠道、立体化、全方位向人们充分传递品牌信息，不断强化品牌形象，确立品牌的个性魅力。

总之，国家、社会要共同掀起一场品牌经济革命，以此创造新的财富增长。另外，我们还要进一步认识品牌背后的支撑到底是什么。品牌是一种无形资产不断累加的财富，不同品牌之间的对比本质上是一种软实力的对比，其核心就是文化，品牌经济革命背后的驱动力一定是文化的创新和繁荣。

实现文化的创新和繁荣首先要明确文化是什么。文化其实就是价值取向。文化决定了一个人、一个企业、一个国家的命运，二者之间有着重要的关系。比如美国的文化是做大，全球500强公司美国有200多家；德国文化严谨，精益求精，它在精密制造上成为世界第一；法国文化时尚、浪漫，因此它的香水被全世界所认同，其时尚产业也最发达。对于品牌也是一样的道理，很多世界知名品牌

（如可口可乐、万宝路、迪士尼等），消费者更多认同的是这个品牌所传达出的文化内涵。一个品牌建立什么样的文化，这个品牌就有了这个文化基因的价值取向，有了文化的品牌才是有灵魂的品牌，塑造品牌的根本是塑造其所蕴涵的文化个性和核心价值取向，品牌被文化创新所驱动。随着全球化背景下物质的极大丰富，消费者转入文化消费（情感和价值消费）的趋势已势不可挡，因此哪个品牌有文化，消费者就会跟谁走。我们中华民族有五千年的辉煌历史文化宝藏，我们可以从"物质文化、精神文化、情感文化、艺术文化"这四大方面着手去创新地开发和利用，让文化创新成为我们国家品牌经济革命的源泉和驱动。

综上所述，"品牌"和"文化"是未来财富的源泉，我们要共同掀起一场以文化为核心的品牌经济革命，为国家、社会的新财富创造再添辉煌。

# CHAPTER 4

## 品牌与人才

　　企业的发展和品牌的铸就涉及运营管理、产品开发、市场定位等诸多环节，需要有各种因素的共同作用才能逐步完成，而诸多因素中最为重要的，就是人才的引进。充分发挥人才的作用，是企业和品牌获得成功的关键。


## ┃ 没有人的企业是"止"业


　　人才培养的重要性不言而喻。如何培养人才确实值得一而再、再而三地讨论。其中，我认为领导者、管理者或者说导师的意识和能力是做好人才培养的前提条件和重要因素。

　　《他活了107岁，祝北大今后办得像老北大一样好》一文的作者是北京大学国际关系学院教授、中国与世界研究中心主任潘维，这位功成名就的学者在文章中深情地回忆了自己的恩师——中国早期马克思主义农村经济学家、社会学家、世界历史学家、国际活动家陈翰笙（1897 ~ 2004）教授是如何培养他成才的。潘教授这样写道："陈翰笙属于学生，他热爱学生，百岁之后甚至还'哀求'北大校方送学生给他。"翰老每周都坚持给学生上课，即使有客人来访，亦不放弃教学，会让学生旁听他们的交流，使其成为一种重要的学习经历。课后必定还要起身送学生至电梯口，作揖而别。翰老指导学生讲究因材施教，亲身垂范，甚至还会在研究生写论文时亲手并动员全家为其收集资料，这与当下的风气形成鲜明对比。学生毕业后，翰老还会继续为其提供帮助，例如为出国进修的学生撰写推荐信。陈翰笙与北大同龄，1997 年北大百年校庆，希望他说几句祝福北大的话，翰老说"祝北大今后办得像老北大一样好"。这句话让我们觉察到北大培育人才的优良传统。

在系统培养人才方面，雀巢这家公司值得借鉴。它能有 150 多年的历史，这与其集团管理层对团队培养一如既往的重视是分不开的。

在雀巢公司，培训有七大作用，亦可理解为其培训的七大目标。第一，传播公司文化。雀巢拥有的一些在积年累月的考验下形成的价值观与原则，非常值得推广。公司高层将培训作为传播渠道，希望能将这些价值观传递给每一位员工。雀巢相信每个员工都是个人职能领域的领导者，尽管不一定处于管理岗位，但每个员工仍具备自身的影响力。因此，只有当每位员工都了解且遵循公司的价值观与原则，公司的核心文化才会得到有效传承。第二，教授产品知识。让全员都是产品大使。第三，确保食品安全。作为全球最大的食品公司之一，雀巢必须对品牌负责，食品安全是重中之重。第四，维护内部平等。组织中常常会出现无意识偏见，而雀巢内部一直宣扬尊重与平等，提倡消除偏见。第五，提升岗位能力。针对不同的职能领域进行定制化培养。第六，培养管理与领导能力。让优秀员工掌握晋升后需要的策划、组织、监督、授权、教练等技能。第七，紧跟时代潮流。除了保持优良传统，雀巢也在紧跟当前学习与发展趋势，尝试推广 e-Learning（数字化学习）与移动学习，帮助员工更方便快捷地学习。

　　企业有完善的培养规划和目标并不难，难的是如何贯彻实施并取得实效，在这方面雀巢公司的重要经验是各级管理层，特别是高管要以身作则，有所作为。

　　雀巢的培训部门推广任何一个项目时，都是"从上到下"执行。高层首先对项目有所了解，然后提供支持，包括调动全球的资源、与外部顶级的商学院合作，还包括成为项目中的导师或学员，做到对培训"全力支持"。雀巢的培训部门会让高层感受到这门课是属于他们自己的。高层作为导师，应该了解如何设计该门课程，自己安排讲授重点，培训部门只需为其布置好授课环境。随后，培训部门会将任务传达给下一层级的管理者，让他们发挥传播作用。例如，参加过某个项目的管理者，可以分享自己的培训体验，给正在上课或即将上课的学员提些建议。有时，参加过同一个培训项目的人，会拥有共同的"语言"，他们对各个专有名词十分熟悉，沟通起来也会亲切顺畅。直线经理的层级，则需要成为员工的教练。公司安排的教练课程并不只针对学员，还有学员的直线上级——让上级对下属进行教练，这种行为才会有持续性。

雀巢还制作了一个关于"10–20–70"原则的培训手册。尽管这一基本原则看起来已不再新鲜，雀巢却赋予了它一些不同之处。对普通员工而言，"10"仍指培训，"20"则是直线经理的任务，他们应教练下属，或者进行同伴教练及反馈。雀巢设计的"70"是给员工多种锻炼和灵活学习的机会，例如领导一个项目、做跨部门沟通、成为本地培训师等。针对每一级、每一类工作岗位的员工的核心技能，雀巢都有对应的"10–20–70"的安排，使其技能得到很好的提升与锻炼。

培育人才必须形成一种持久的习惯。重视人，才可留住人；培养人，才有人可用。恒源祥一路走来90多年，对人才的重视和培养没有中断过，也不断探索出有恒源祥特色的育人方法。例如"因人设岗位""因人设部门""因人开公司"等，恒源祥探索并践行人才培养是永无止境、持续创新的过程。我们除了直接关注员工本人发展外，还关注员工家庭，特别是其子女，尽量给予更多的关爱。

## ‖ 人对了，品牌就对了

有这样一个故事：一天早晨，牧师的儿子约翰哭嚷着要去迪士尼乐园。为了转移儿子的注意力，牧师将一幅色彩缤纷的世界地图撕成了许多小碎片，对儿子说："你如果能把这张世界地图拼起来，我就带你去迪士尼乐园。"没想到，不到10分钟，小约翰就拼好了。每一片碎纸片都整整齐齐地排列在一起，整张世界地图又恢复了原状。牧师很吃惊，问道："孩子，你怎么拼得这么快？"小约翰回答："很简单呀！地图的另一面是一个人的照片，我先把这个人的照片拼到一块，然后把它翻过来。只要人对了，世界就对了。"

人对了，世界就对了。对企业而言，也不例外。管理界有句名言："企业的'企'字如果没有上面的'人'字，就只剩下'止'了。"对的人，可以把三流的项目做出一流的结果，而不对的人，则能把一流的项目做出三流的结果。

恒源祥也遵循同样的道理——对人才的重视一以贯之，更与时俱进。

沈莱舟老先生执掌恒源祥时期，重用当时刚刚出道，后成为一代绒线编结大师的黄培英、冯秋萍，重金聘请她们到恒源祥坐堂，传授编结技巧，还帮她们在报纸上做广告、资助她们出版绒线编结书、在电台录制教授编结技法的节目等。在成就了她们的同时，也让恒源祥的绒线事业在广大的消费者中打开了局面，为恒源祥日后成为上海滩上的绒线大王奠定了扎实的基础。

在新世纪，恒源祥实施管理层收购后掀开了企业发展的新篇章。记得 2001 年恒源祥转制后，公司在上海陆家嘴的国际会议中心召开全员大会，在大会上，我提出：人才是恒源祥最重要的资产。这样的基调不是心血来潮，一方面继承自沈老的精神，另一方面也是我自 1987 年元旦跨进恒源祥大门后多年的经营心得。

如果说人才是企业最重要的资产，那么企业最重要的资产必然是企业一把手最该重视的事情。要做对、做好这件事，我认为一把手要做到知行合一，首先得从内心真正认识到人才的重要性开始。

1994 年，我就提出恒源祥七项战略管理工作，即商标战略、人才战略、营销战略、广告战略、管理战略、公益战略、经营战略。人才战略就是其中之一。之后每年的工作研讨会，都会围绕上述战略集思广益，不断提升对人才战略的认识广度、高度和深度。

其次，在"行"的层面上，还要不断创新好的做法。清代龚自珍有名句："我劝天公重抖擞，不拘一格降人才"。当下对企业而言，要做到"不拘一格选人才"。在德才兼备的大原则前提下，方法的好坏也大有讲究。在我的认识体会中，最重要的一点是：一把手要招比自己厉害的人。

记得 1995 年时，恒源祥还只是一家小小的绒线公司，当时我就提出来要招聘 20 名研究生。那时的大学生都十分稀罕，更不要说研究生了，更何况还是 20 个！有人告诫我说，招这么多厉害的人在身边，不妥。但我不这么想。我不仅要招，而且还要有能力把他们留下来。当时因为各项规章制度所限，给予这些人才的薪资不是很有吸引力，但我想方设法，通过提供额外的福利，让他们留在恒源祥。其实凡是成功的企业，对高端人才的渴求都是类似的。例如乔布斯找人才只找 A 级人才，他相信一流人才的能量是二流人才的 100 倍。

要招到合适的人才，虽然可以用市场提供的人才服务，但要找到适合自己企业的人才，还得有自己的创新手法。在这方面，恒源祥做了一些尝试。例如，公司尝试举办过左撇子人才的专场招聘。因为恒源祥的发展定位是经营品牌和文化，满足的是消费者对感官品牌、体验式消费的需求，所以恒源祥亟需很多这方面的专业人才，另外，基于对左撇子现象的研究，恒源祥发现左撇子身上有很多优势之处，比如直觉力、想象力、创造力等，十分符合恒源祥的人才需求，所以推出了包括感官品牌设计师在内的多个岗位向社会进行专场招聘。此外，恒源祥在二十多年前，还发起过"十万年薪招聘党务工作者"专场招聘会，在社会上引起了广泛反响，一批综合素质高的人才吸引到恒源祥参与应聘。

除了独树一帜的招人策略，如何留住人才，是考验一个领导者和组织的关键。

乔布斯会不惜一切代价追求那些才华横溢、不甘平庸的人才，因为他发现，只要召集到五个这样的人，他们就会喜欢上彼此合作的感觉。他们会不愿意再与平庸者合作，只要找到几个精英，他们就会自己扩大团队。

从乔布斯的观点里，我们可以发现，要留住人，高薪未必是唯一的法宝，对"千里马"而言，一个好的发展环境是至关重要的。况且，能给高薪的企业很多，但能提供好的发展环境的企业却很少。

我在 2001 年的员工大会上还提出一个观点：我们要打造一个优秀的组织，一个不需要例外的薪酬政策就能吸引广大人才的组织。这与我理想中的品牌发展战略是相互契合的——恒源祥要发展，就要复制十个刘瑞旗，就要把人才真正地当自己的继任者来培养。记得当年有一位求职者对我说：我来恒源祥就是冲着你总经理的位置来的。我十分欣赏他的说法，也一直拿他的观点去激励年轻人，去要求公司的人力资源部门开展工作。

我相信企业有让员工梦想成真的追求，才是对人才最好的吸

引。这对组织建设提出了更高的要求，但这也是企业能生、能长
（zhǎng）、能长（cháng）的关键所在。

# Ⅲ　全员营销

受到疫情的影响，大家不难发现当下的市场几乎人人都在卖货，
上至老板，下到一线员工，线下不行就转战到线上，特别是直播带
货，且不要说网红主播和明星，就连电视台的主持人、各级官员都
纷纷加入了销售的行列。

这不由让我想到一个词——"全员营销"和一个人——稻盛和夫。

作为世界著名的企业家，稻盛和夫 2016 年在沈阳做的演讲《萧
条中飞跃的大智慧》最近因为疫情的关系又被大家热传。他结合自
身的思考和实践，提出应对萧条的第一个对策就是全员营销。他说：
即使是最尖端技术的企业，卖东西、销售产品仍然是企业经营的根
本。萧条时期，全体员工都应成为推销员。员工平时有不同的岗位，
平时都会有好的想法、创意、点子，这些东西在萧条时期不可放置
不用，可以拿到用户那里，唤起他们的潜在需求，这件事全体员工
都要参与。营销、制造、开发部门不必说，间接部门也要参与，全
体员工团结一致，向用户提案，创造商机。他还说，萧条时期可以
让全体员工更主动地思考，也可以让全体员工都懂得要订单有多难，

经营企业有多难，特别是营销部门以外的干部，让他们有切肤般的体验是很重要的。

稻盛和夫讲的全员营销，是从推销产品入手的，我们看到当下的市场上热闹不凡的各种带货也是全员销售，但我认为全员营销，不仅包括卖产品，它更应该是一个科学的管理方法，既包含了外部营销，也包含了内部管理。

我认为全员营销的根本目的是实现消费者对品牌的认识、认知、认同直至信仰，实现的途径就是品牌价值的创造和品牌价值的实现。随着社会的发展特别是新媒体的发展以及消费者需求的升级，营销成为全系列的"过程"和"活动"，以此影响消费者的观念和行为，最终达成持续销售。所以营销不同于以往靠营销部门、销售渠道就能完成，它需要所有部门协同合作。但凡消费者能接触品牌的点都能成为价值创造的空间，所以我在早些年就提出了一个观点：品牌价值链上的所有部门都应该是利润中心。要做到这点，我们首先要具备人人皆可营销的观念。

有些人说，我是支持性部门，例如财务、人力，如何为消费者服务呢？其实消费者选择一个品牌的产品，不仅是选择物理功能，更是因为信任品牌，认可品牌反映出来的价值观或者精神，如何立体呈现品牌的面貌呢？我相信每位员工都可以想出自己的角度和内容，当下的社会也提供了各种载体、各类渠道便于大家表达。我们不仅要对内部的同事讲，更要对社会各界讲，包括政府部门、媒体等各类组织。自始至终我都鼓励大家从各个方面去讲好一个品牌的故事。

有的人会说：我实在不会传播，那我应该如何参与全员营销呢？企业的工作就是为消费者服务，如果自身不能直接为消费者服务，就为能直接服务消费者的人提供服务，用现在时髦的话来说就是"赋能"。这部分的同事可以参与到各类全员营销的项目中去，成为团队的一员，提供自己专长的支持，在这个过程中，助力实现项目整体价值的同时也能提升自己的营销意识和营销能力。基于这些，我相信支持性部门也大有可为，成为利润的创造者。

打开了思路，我们可以发现要做到事事营销、时时营销、处处营销也不是不可能。关键我们要做到两点：具备全员营销的意识，并有全员营销相关的能力，而做到这些，有时需要刻意地进行训练，把营销嵌入到脑海之中，成为我们的潜意识。

有一次，我和同事开玩笑说：我和你现在一起去南京路上乞讨，我相信我的收获一定比你多，为什么？因为你乞讨是为了自己，而我是为了别人，这就是恒源祥提倡的"无我"精神。只有无我，别人心中才会有你，才会听你的话，应你的请求。做生意的本质和乞讨是一样的，就是如何让别人来为你的想法、为你的东西买单。

对年轻人我尤其注意让他们具备这方面的能力。我时常拿一些公司小的收藏品让他们去卖，通过这样的训练希望他们不仅能把东西卖出去，还能卖得贵，并提出这样的激励机制：除去成本，挣的钱都是他们的。我也时常对他们说：希望有这么一天，你们能不拿工资，而是通过手中的项目就能养活自己、养活部门，甚至内部创业，开办自己的公司。我希望大家明白，所有的生意都是从小生意、简单的生意开始的，若懂得了正确的方法，掌握了其中的诀窍，未来就可以把生意越做越大、越做越好。

　　我很赞同稻盛和夫所说的"打造企业高收益的经营体质，正是预防萧条的最佳策略，而不是去打价格战，这才是经营"。全员营销不是一时的"救命稻草"，而是我们打造组织经营能力的重要方法，需要长期坚持，我希望大家能基于事业长远发展的角度正确理解，持续实践，相信市场会给予我们丰厚的回报。

# IV 人才的属性——"狼羊之辩"

　　在面临全球化竞争的今天，中国企业文化的发展应该走"狼道"，还是"羊道"？近日，一场关于企业文化的"狼羊之辩"在北京大学、清华大学、中央民族大学等高校与恒源祥集团之间激烈展开。

　　恒源祥集团在招聘中公开表示"我们不提倡'狼道'，我们信奉'羊道'"。恒源祥对自身"羊道"文化的概括与近两年来在各大企业中日渐盛行的"狼道"文化形成鲜明对比。

　　2004 年，随着一本叫做《狼图腾》的小说持续畅销，人们对狼的生存哲学和发展精神有了全新的认识。一时间，中国传承了几千年的儒羊文化渐渐淡出人们的视野，"羊"成了弱者的代表，推行"羊道"仿佛就意味着与成功无缘。其实，人们对于"狼道"的推崇源于对"羊道"的误解。"羊道"提倡包容与和谐，提倡创新与改变，提倡科学与可持续发展，这些即便对于现在来说，都是与社会发展同步的。

事实上，企业要发展，并不只有靠"狼道"才能使企业摆脱竞争的泥潭。20世纪90年代末，恒源祥就发生过一次"狼羊之争"。众所周知，手编绒线被称为是一个"夕阳产业"，在机织毛衣多如牛毛的时代，已经没有什么人会买绒线自己打毛衣了。而同时，由于绒线生产工艺相对简单，绒线市场鱼龙混杂，绒线价格一度低得不能再低。恒源祥要保住自己的市场份额，降价似乎是唯一可行的手段。是像"狼"一样强行降价，夺回份额？还是像"羊"一样维持原价，紧缩生产？在恒源祥绒线股东间展开了一场关于恒源祥绒线价格的"狼羊之争"。最终，恒源祥选择了维持原价，紧缩生产。同时，将自己的绒线利润用于工厂的排污建设工程。

事实证明，恒源祥这步走对了，在降价风潮中，其他绒线的品牌不堪重负，相继退出市场，销声匿迹。而恒源祥却保住了自己的利润，并开展了可持续发展的品牌之路。

恒源祥确立了以"羊文化"为核心的企业文化，通过实施品牌战略，开创了以小企业、大品牌为特色的发展道路，充分利用恒源祥品牌的无形资产调动和组合社会资源，组成特许生产和特许经营、连锁经营战略联盟，实现规模经营和快速扩张，同时积极开展技术创新，利用高新技术改造和提升传统产业，使恒源祥迅速成为国内手编绒线乃至毛纺行业的龙头企业和中国著名品牌。

中国传承了几千年的儒羊文化，自有值得借鉴的地方。而"狼道"的精神更多的是强调竞争以及对利益的追求。

"羊道"对竞争的看法完全不同于"狼道"。在草原上，因为羊相对于狼是弱者，所以它追求的一定不是对抗性，而是创造性。因此，要做别人想不到、做不到、发现不到、理不到的好事。不要试图把一件事做到最好，而要努力寻找一件更好的事情来做。

在恒源祥的企业文化中赫然写着：恒源祥不研究竞争对手。我对此的解释是，研究竞争对手只能加速死亡；研究竞争对手，你就很容易复制对方，复制对方其实只能使你和别人变得一样，这样同道竞争只能是你死我活。

我对"羊道"的总结是，追求创造性而不是对抗性的战略方法；追求品牌价值创新而不是争抢日益缩减的市场份额；追求成功的定律而不是陷于激烈竞争的泥潭。

随着知识经济时代的到来，全球竞争变得更加激烈，自然资源和资本的优势不再是企业成功的关键。而作为生产力中重要组成部分的人力资源，对企业发展的作用越来越大。"羊道"企业相对宽松的企业氛围以及以人为本的"羊道"精神，使越来越多的高端人才不断涌入到这类企业中，这正使"羊道"企业在竞争中开始显现不同一般的竞争优势。

## V 充分发挥人才的创造力

一个企业持久地在市场上运行，人们对它就会有一种记忆，这种记忆就决定了人们是接受它还是拒绝它。全世界消费者对各个国家的品牌都有一个比较一致的认识:"美国是休闲制造,德国是经典制造,法国是浪漫制造,中国是粗制滥造,印度是什么也不造。"中国出口的产品在世界上好卖,总体上是因为卖得比别人便宜,是因为世界上还有很多的穷人,而我们满足了这一部分人的需要。但照这样的模式卖下去,卖出一个强大的中国是不可能的。今天什么东西在世界上最好卖,什么东西就便宜,越卖越便宜,因为卖很多东西需要消耗很多原料。中国这样一个大国没有品牌,我们的财富就会向其他拥有品牌的国家转移,这个转移的数量是很可怕的。

按照世界的惯例,人均 GDP 到 3000 美元的时候,就是消费品牌的时候。当中国人有消费品牌能力的时候,我们的品牌在哪里呢?如果没有把自己的品牌建设好,都去消费别人的品牌,那就意味着我们所创造的财富开始转移了。据不完全统计,2008 年由于中国人消费品牌的能力引发的财富转移,已经达到了 1600 亿美元。随着中国经济进一步的发展成长,中国消费者对品牌的需求会越来越大。如果财富随着品牌这样大量转移的话,中国怎能成为一个富有、强大的国家?所以,品牌与我们国家、地区、企业以及每一个人都息息相关。

首先,品牌是消费者的记忆。如果你给别人有一个美好的记忆,那你就有优质的资产;如果别人对你没有记忆,那你的资产就为零;当别人对你有一个差的记忆,那你就有一个负资产。因此,我们不仅要让别人有记忆,而且要有一个美好的、持久的记忆。你要持久不断地成为第一,就要让人们记住你的品牌。

其次，品牌是一种创造能力。当我们有了这种能力，而且这种能力非常强大，但是社会民众没有需求，那么这种能力就是无效的。我们经常说国家的命运、企业的命运、个人的命运，把"命运"两个字分开来看，"命"就是一种能力，"运"就是一种需求，二者缺一不可。我们一定要深刻地认识到，要在最擅长的事情当中去发挥我们的能力。在未来做市场的时候，要让法国人去做时尚，让意大利人做创意，让英国人做个性，让德国人搞制造，让美国人搞营销，让印度人做服务，那么中国人做什么？用一个字概括就是"统"，把世界上各个国家、各个民族擅长的事情统一起来、兼收并蓄，这样中国品牌站在世界上就指日可待了。

# CHAPTER 5

## 品牌与机遇

# I 商标是企业的核心资产

## ● 商标是企业创造高附加值的有效途径

当前社会已经步入了典型的知识经济时代，商标已经成为企业的核心资产和战略性资源，不仅能够为企业创造高额的附加值，也是企业整合资源、开拓市场、积累财富和巩固竞争优势的有力武器。

可口可乐的创始人曾经说过，只要有可口可乐这个商标在手，即使可口可乐的有形资产一夜间化为乌有，公司也马上可以靠该商标获得新的资金，进行新的生产。商标对于企业的价值可见一斑。

同样品质的产品，贴上不同的商标，其市场价值大相径庭。在市场同质化严重的今天，商标溢价多少代表了企业的利润多寡，直接决定了企业的竞争力和行业影响力，决定了企业的可持续发展力，甚至决定了企业的生死。

## ● 商标是凝聚消费群体的必要媒介

追逐品牌已经是当今社会的一种时尚元素。一个世界知名品牌的产品体现出主人非凡的身份地位和与众不同的个性，原本产品的基本功能反而被淡化。在营销学中，消费体验重要的内容就是消费者拥有名牌产品或购买名牌产品时的满足感。这种满足感刺激消费者购买欲望，引导源源不断的消费人群涌向品牌产品，进而吸引资金、物流、人才的加入。同时，良好的品牌形象还可以增强消费者对商标产生忠诚度，促使消费者反复购买，不断滋养企业的生产运营，帮助企业树立和巩固竞争地位，形成良性循环。

## ● 商标是企业实现可持续发展的重要手段

第二次世界大战以前，列强们通过战争把财富和资源由小国和弱国转移到大国和强国；如今，发达国家借助强大的经济、科技、金融和政治优势，通过不断开放的市场和强有力的竞争手段，携品牌长驱而入，对发展中国家大肆掠夺，导致能源、资源和财富由发展中国家向发达国家的大量转移。每一轮财富转移，都以发展中国家资源、能源的大量消耗为代价，也使发展中国家传统行业面临衰落。在以品牌为载体的财富转移潮流中，如果国内企业能够把握机会，创设自有品牌，并增加自有品牌的附加值和知名度，就能够逐渐摆脱通过对能源和环境无节制索取维持经济增长的局面，就能够逐渐削弱发达国家对资源、能源和财富的掠夺，真正实现可持续性的"国富民强"。

## ● 商标是企业提高和巩固市场地位的重要载体

商标是企业展示形象和商誉的主要载体,代表着企业在市场中的话语权,甚至常常形成市场特权。2012 年"国酒茅台异议案""苹果与唯冠的 iPad 商标之争"等吸引众多眼球的商标大事,无一不是企业争夺市场话语权或巩固市场特权的重要手段。发达国家的一些跨国公司凭借强大的商标资产和商标运营手段,牢牢把控产业链上游,严格控制和挤压下游生产商,摄取了大量廉价资源和超额利润。而由于缺乏核心品牌,中国的加工企业只能仰人鼻息,得到低廉的加工费,生存环境不容乐观。

由于商标具有上述不同的功能,商标已经成为企业首要重视和管理的资产。商标的设计、注册、管理和保护已日益成为企业生存发展的战略需求。

商标是企业在激烈的市场竞争中生存与发展的根本要素,企业经营实质上就是创造品牌价值,实现品牌价值最大化的过程。

## ● 商标的意义在于使用

一个商标如果不以使用为目的或者注册后长期不使用,甚至已经废弃,则商标权利的存在根本没有意义,也不符合《商标法》的立法宗旨。截至 2012 年,中国虽拥有近 700 万件商标,位居世界第一，但仅是个商标大国而远非商标强国。衡量一个国家商标实力的强弱，不能只看商标数量的多少，更取决于有多少市场影响大、竞争能力强、品牌附加值高的高知名度商标。市场竞争的客观结果是市场份额不断向高知名度品牌集聚。

据联合国工业发展计划署 2012 年统计：在全球品牌中，高知名度品牌所占比例不到 3%，但市场占有率高达 40%，销售额超过50%，个别行业（如计算机软件）超过 90%。

为此，中国在商标发展上要从重商标数量向重商标质量、从制造大国向品牌大国、从品牌粗放型向集约型、从产品低毛利向实现品牌附加值转变。我们不应鼓励全社会都去创品牌，以免造成无谓的经济损失和商标资源浪费，而要着重引导有条件的企业使用和发展商标，鼓励一批优势企业做大做强商标，创建国际知名品牌。

品牌的实现除了需要集体的努力和智慧，也离不开"天时"。当机遇出现在面前时，我们要做的，就是尽最大努力抓住它。

# Ⅱ 机遇就在手中

一个人的生命是有限的，但品牌的生命可以是无限的，品牌能让个人的生命得到永恒。

品牌的恒久，需要付出代价，当我们感到苦、感到累的时候，应该将这些苦和累看成是别人给自己的机遇，未来的发展依靠自己寻找这种机遇。

回顾恒源祥的历史，中国所有企业曾面临的痛苦、磨难、挫折和挑战，恒源祥都经历过。在过去的坎坷历程中，我们经历了一次又一次的变革，恒源祥将其看作是机遇。恒源祥的未来发展之路也是在寻找机遇。

## ● 发现机遇

恒源祥品牌之所以能常青，是因为恒源祥已经奠定了品牌大发展的基础，具备了品牌运营的经验和能力，掌握了品牌未来的发展方向。

品牌能满足消费者的精神需求，选择经营品牌就是选择了财富。

满足消费者精神、文化、品牌的需求将拥有巨大的市场、利润和财富。

恒源祥通过分析消费趋势得出这样的结论：选择经营恒源祥品牌是为了最大限度地满足广大消费者的价值需求，选择经营品牌就是选择了财富。

品牌运营是市场三种经营行为中的最高层次。

市场上的经营行为可分为三种：第一种是资产经营。资产经营是以产品（包括生产产品的设备、厂房）、店面等物质为形态的经营活动。中国的资产经营已经在全球取得了快速的发展。但与此同时，已经有经济学家提出：中国目前制造业的发展方式已经不能支撑我国经济的永续发展。随着经济的开放和增长，市场中又产生了资本经营。资本经营是第二种经营，它是以货币为形态的经营活动，我们经常看到的股票、证券等就是资本经营中具体的形式。第三种经营是品牌经营。品牌经营是无形资产经营，其中品牌经济处于市场三种经营行为中的最高层次。

恒源祥立足于品牌经营，恒源祥品牌是属于消费者的。品牌是一种无形资产，消费者凭借对品牌的记忆购买品牌的产品，因此一个品牌在消费者心中记忆的多少、记忆的深浅等因素直接决定了品牌价值的多少。恒源祥要竭尽全力通过产品、服务、品牌内涵等渠道，最大限度地满足消费者的需求，为消费者创造最难忘的、最快乐的品牌体验，扩大、增强消费者对品牌的记忆。

其实，市场经营还可分为四种形态：第一种形态是卖产品，它是以产品的质量、价格、款式、颜色等为特征的经营活动；第二种形态是卖品牌，它是以通过保持售点的形象、售点的陈列模式和方法，营业员的仪表和言行与品牌设计保持高度一致，并展现在消费者面前为特征的经营活动；第三种形态是品牌经营，它是以体现品牌故事、品牌内涵等让消费者得到快乐的体验，并能不断重复这种体验为特征的经营活动；第四种形态是经营品牌，它是以为消费者创新和创造品牌故事、全新的快乐体验为特征的经营活动。

## ● 抓住机遇

《恒源祥联合体共同纲领》主要包括三个内涵：（1）恒源祥的任

务是品牌价值最大化；（2）品牌极大地授权给每一个加盟恒源祥联合体的成员；（3）对违背联合体共同纲领的成员进行强势制约。实践共同纲领保证了联合体成员能真正抓住机遇，走向未来，为打造良好的市场运营环境而努力。

如何才能让来自全国各地的加盟商在恒源祥共同的标准下，保持经营的高度一致呢？我们成立了恒源祥联合体，希望通过联合体代表大会的模式，建立沟通、交流的平台，共同为营造良好的市场运营环境而努力。在《恒源祥联合体共同纲领》的指导下，我们根据各地市场的实际情况，制订市场运行计划和相关的"游戏规则"。在这样的体制下，我们的市场环境变得越来越好，所有联合体的成员之间还可以更有效地相互学习、相互帮助、相互关心，使所有成员都能和恒源祥品牌共同成长、共同发展、共同进步，使每一个人都拥有更多的财富。

让你所服务的对象满意，是你在恒源祥联合体中得以继续生存的唯一理由。

消费者对恒源祥品牌的认同是我们发展的需要，消费者支付每一笔购买费用的过程是我们财富增长的过程。所以，如果消费者不满意，那就证明我们的工作没做好，失去消费者也就意味着失去了市场，因此我们每一个售点都要做好消费者满意度的调查工作。通过对消费者的调查，让每一个售点的工作都能真正体现出恒源祥品牌是属于消费者的品牌理念。

同理，我们无论处在哪一个工作岗位，都要让被服务者感到满意。集团启动的满意度调查工作包括：零售商要对上级的分销商或者经销商作满意度的评估；我们的分销商或者经销商要对加盟工厂作满意度的评估；联合体的所有成员要对集团的工作作满意度的评估……相对的，集团会对联合体的成员，加盟工厂会对分销商或者经销商，分销商、经销商会对零售商进行满意度的考核。如果被服务者对服务者不满意，集团就有权力撤换服务者，因为恒源祥联合体的目标是一致的，即要让消费者满意。如果被服务者对服务者不满意，必然最终影响消费者的满意度。

长期以来，恒源祥一直倡导共同创造和建立一个绿色的"家"，在这个大家庭中，有良好的经营环境，每一个人都得以发展壮大。我们都有做好满意度这项工作的责任和义务。让你所服务的对象满意，是你在恒源祥联合体这一个大家庭中得以继续生存的唯一理由。机遇永远垂青有准备的头脑。很多人常常会产生这样的感叹：为何当初别人能看到机遇，能抓住机遇，而自己没能看到，没能抓住！这是因为，机遇永远垂青有准备的头脑，即那些最勤奋、最富有创意、最懂得经营、最懂得尊重别人、最懂得服务别人、最懂得关注消费者需求的人们。

虽然机遇属于未来，但有些机遇我们能够预测——中国的进步将永不停止，我们的财富会一天天多起来，但它并不平均分给每个人；恒源祥将不断成长，但并不意味着每一个成员可以自动成长，因为如果哪个成员不改变自己，那他明天和恒源祥一起存在的可能性就会改变；恒源祥给予每一个成员众多的机遇，但并不意味着每一个成员一定都能十拿九稳抓住机遇；恒源祥可以预测所有成员的未来，但是不可能预测具体某一个成员的未来，因为他的未来握在他自己的

手中……所以我们每一个成员要努力从卖产品走向品牌经营，当我
们真正懂得了品牌经营，也就将机遇牢牢地掌握在自己手中。

● 光荣与梦想

　　恒源祥以出色的市场表现证明了在品牌经营方面非凡的能力，
恒源祥品牌未来将更加精彩。2007 年，恒源祥 80 周年之时，恒源
祥启动了"恒动 80 计划"，在消费者面前展现了品牌更加鲜明的个
性，标志着全新的恒源祥品牌的诞生。

　　作为"恒动 80 计划"的重要组成部分，集团积极实现消费者从
五个感官对恒源祥进行全面的品牌体验。这五个感官分别是视觉、
听觉、嗅觉、味觉、触觉。具体而言，未来恒源祥将有一个视觉形
象，消费者一看就知道这是恒源祥；未来恒源祥将有一种声音，消
费者一听就知道这是恒源祥；未来恒源祥将有一种气息，消费者一
闻就知道这是恒源祥；未来恒源祥还将有一种触感，消费者一摸就
知道这是恒源祥……恒源祥通过这五种完整的感觉让消费者产生联
想，这种联想就是恒源祥品牌的个性体现。

　　目前，中国的品牌经营活动尚处在初级阶段，还没有一个中国
品牌做到通过这五种感觉让消费者对品牌进行认识、认知、认同，
但是恒源祥很早就已经认识到，并为此做了长期准备。

　　早在 1998 年，恒源祥已经开始为"恒动 80 计划"做准备。
1998 年，恒源祥聘请了境外机构专门研究美国宝洁的多品牌运营模
式和荷兰飞利浦的单品牌运营模式，这项研究为恒源祥的品牌发展

积累了大量的信息，提供了大量可供借鉴的经验。1999—2001 年，恒源祥制订了《恒源祥二十一世纪战略蓝图》，确立了"不可为而为之"的战略意图和战略取向；2002—2004 年，恒源祥又完成了未来发展的文化战略和文化导入的组合。这些对品牌文化的研究，拟订的恒源祥战略包括文化战略，将融合贯穿恒源祥品牌战略实施的全过程。集团曾邀请了世界著名的设计机构——荷兰主格创意公司对品牌个性的全新展现进行创意和设计。我们有信心，中国品牌走向世界的日子即将到来。

## Ⅲ 有品牌战略才有出路

这段时间，大家只要稍微关注一下媒体就会发现，全世界寻求出路的人、组织和国家很多，其中有些已基本"病入膏肓"，无计可施。

出路是人、组织、国家甚至全人类生存或向前发展的途径、前途。我认为大的出路不是在碰到绝境时找的，而是在决定往哪里走之前就考虑好的。那些违背公理、人性、普世价值观等"大道"的物、事、人注定是没有出路的。

一个人、组织和国家要有终极的出路，一定要在"道"上做事情，我认为其中重要的一条是：一个国家给了人类出路，这个国家就有了出路；一个组织给了国家出路，这个组织就有了出路；一个人给了组织出路，这个人就有了出路。

回顾历史，我们会发现永垂不朽的伟人和真正的成功者，是那些在一定的时期和区域内，为人们更美好的生存和发展谋求到出路的人，是那些成就更多的人变得成功和伟大的人。这些人为人们做出了贡献，人们肯定会给他们出路，不仅如此，还会永远尊敬和铭记他们，让他们成为伟人和真正的成功者。古人有句老话："富而能富人者，欲贫而不可得也；贵而能贵人者，欲贱而不可得也；达而能达人者，欲穷而不可得也。"说的是有钱的人，在他富有的时候，还能够帮助别人也富有，这样广结善缘，得道多助，自己想穷一点都做不到；同理，让别人富贵的，想下来做一个老百姓也不可得，能够帮忙别人发达，提拔别人的人，自己想不干，别人也不愿意。其中道理是帮人家忙，同样也是帮了自己，阻别人路的人，最后还是把自己的路堵塞了。所以一个人最终的出路从小的方面讲要给他人、给组织以出路，从大的方面讲要给国家、给全人类以出路。只有这样，人无论在顺境中，还是在逆境中，都会找到方向，找到前途，找到出路。

回过头看，恒源祥集团为什么将企业的社会责任定位于推动人类社会的发展和进步上，将恒源祥联合体的每个员工的社会责任定位于推动恒源祥集团的发展和进步上？也源于同样的道理——恒源祥人的出路在于恒源祥这个组织的出路；恒源祥这个组织的出路在于国家的出路；中国的出路在于全人类的出路，也就是说，人类有了出路，国家和组织才会有机会、有出路。

因为有这样的思考，大家就不难理解恒源祥集团为什么要开展国家品牌战略课题的研究。有很多人对这个课题有误解，以为仅仅研究中国国家品牌战略，其实不是，这里的国家是泛指，包括全世界的国家和地区，并从中选取最有代表性的一些国家展开研究。为什么是全球范围？因为我们觉得全世界的国家要想有更好的发展、更好的出路，都有文化与品牌方面的需求。我们觉得可以为全球创造这方面的价值，其中当然包括恒源祥集团所在的中国——中国在品牌方面有出路了，恒源祥集团的品牌事业才会有出路。

这一课题的核心是国家品牌，我们想从四个方面——文化、命运、品牌、财富——之间的关系，说清楚国家品牌战略是什么、为什么建以及如何建的问题。为什么选择这四个维度？因为结合这些年来经营品牌的经验，我们领悟到：文化是习惯。这不难理解，有好习惯的个人、组织和国家一般给人好的记忆，品牌就是记忆。所以，这些个人、组织和国家会有好的品牌，而有好品牌的个人、组织和国家一般会有好的命运，表现在品牌决定财富。无论是现在还是未来，财富向品牌转移。

文化、命运、品牌、财富这四者之间的关系，简单而言，国家品牌建设的价值在于国家获得更多的财富，能让国家有更好的命运、更好的出路，国家品牌建设的核心方法是围绕文化展开。文化决定了命运——了解和掌握本国的文化，才会了解和掌握本国的命运，在了解和掌握文化的过程中，知道有哪些文化是好的，哪些文化是不好的，对好的文化要顺，要发扬光大，对不好的文化，要逆，要洗心革面。研究文化不能仅仅研究本国的文化，还要研究别国的文化，因为，世界是地球村，一方面，了解别国的文化才能和别人和平相处，相得益彰、共同发展；另一方面，别国文化的可取之处也可以供自身在发展和提升的过程中借鉴和使用。

从这一课题的研究结构和步骤来看，我们也兼顾了大小不同层面的价值创造。这一课题分为两部分，第一部分主要研究人、组织、国家应该如何建设品牌，在这个基础上再研究具体的某人、某组织、某国家应该如何建设品牌。以国家为例，我们发现，处于高中低不同纬度的国家的文化、想法是完全不一样，我们将从五个方面研究这些国家的差异——天性、地性、人性、信仰、制度，并从中总结出文化的差异、优势和不足，最终分析出这个国家的文化如何发展才能有好的命运和出路。课题的第二部分主要研究产品、产业、行业应该如何建设品牌，在这个基础上再研究某产品、某产业、某行业应该如何建设品牌。

为什么要把人、组织、国家、产品、产业和行业放在一起研究，是因为只要是经营品牌，无论是组织还是个体，其中的道理和方法是相通的，更重要的是，这六个维度息息相关、相互影响。

这些课题意义重大，内容丰富。与恒源祥集团制定 2011—2020 年十年规划是同步的。这些课题采用的研究方法是多小组共同研究，类似于法国、瑞士边境上建立的欧洲核子研究中心，全球有数以万计的科学家在这里聚焦宇宙起源问题，开展不同角度的研究。我们也要向这些科学家学习，成为这个课题研究中的一员和组成部分。

我认为，这些课题是值得我们投入的，因为我们正在从事一件伟大的事业，这个事业是史无前例的，将会对人类社会做出贡献。这个不是我们自己说的，凡是听过这个课题立意的领导、专家都充分认可，否则他们也不会同意我们研究并愿意加入其中。我们的伟大之处，是我们在为他人寻找出路，其对我们个人最大的价值，就是文章一开头讲的，当我们为他人、为社会、为人类创造价值，寻找出路的时候，我们才能找到终极的出路。

## Ⅳ 新兴节日背后的品牌化思考

因为和意大利佩鲁贾美术学院有项目合作，我去过几次佩鲁贾。平常的佩鲁贾宁静优雅，但令人意想不到的是，每年一到 7 月的中下旬，这里会变成爵士音乐的海洋。

在佩鲁贾举行的翁布里亚爵士音乐节（Umbria Jazz Festival）是世界上最重要的爵士音乐节之一。自 1973 年以来，每年举行一次。历年的爵士音乐节演出阵容都非常强大，许多爵士乐史上的传奇人物都曾出场演出。翁布里亚爵士音乐节作为意大利当代文化品牌之一，享有欧洲第一、世界第二的美誉。每年夏天都会吸引全球超过45 万的爵士乐爱好者和游客参与音乐节狂欢，并且这一数字每年都在上涨。节日期间，大街上人声鼎沸，热闹非凡，临时搭建的表演台上，歌手的歌声高亢嘹亮，爵士乐声震天响，沿街摆满各式各样的货品小摊，街头艺人的表演五花八门。晚上，所有的露天酒吧都挤满了人，没有座位的人们手拿酒杯，三五一群，站立在街上，互相祝酒、交谈。

大获成功的翁布里亚爵士音乐节使得佩鲁贾地区成为爵士音乐之都，它还代表意大利的一种文化在世界各地演出，这些地区包括巴黎、雅典、马德里、伦敦、巴西。音乐节近年来也来到了中国一些城市开展活动，包括北京、上海、广州、青岛、长沙、成都等地区。

也许大家也已经感觉到，除了各国各民族自身的传统节日外，现在新兴的节日越来越多，例如德国的慕尼黑啤酒节、巴西的里约热内卢狂欢节、泰国的水灯节等。这些节日除了给本国的人们带来欢乐，也吸引了大量世界各国的游客，带动了当地旅游业兴旺的同时，更刺激了地区经济的发展。除了有形的收入，更为重要的是无形资产的累积——这些节日已经成为了国家（地区）品牌和文化的一个重要载体和表现。无形资产的持续增值更推动了有形财富的汇聚，在节日品牌的带动下，让国家（地区）具有了持续盈利的能力。

正因为节日的巨大价值和影响力，所以无论是国家、地区、城市、组织甚至企业都热衷于制造节日，但是很多节日没有由头或内涵，所以显得空洞、枯燥、雷同，纯粹是为"造节"而"造节"，消费者并不买账；另外，很多节日缺乏有效的运营，常常虎头蛇尾，两三年风头一过就难以为继，实难从节日里获利。

其实，打造节日如同打造品牌一样，必须要有品牌化的思考。我们可以在像翁布里亚爵士音乐节这般成功的节日中获得一些有益的经验。

首先，设计的节日要有独特性。正所谓人无我有、人有我新，节日应让人眼前一亮，心生向往。例如，保加利亚的玫瑰节、英国的"滚奶酪比赛"（节）、西班牙布尼奥尔的"西红柿大战"（节）、美国的国际气球嘉年华。据说从1998年开始，韩国保宁市每年7月举行国际泥浆节，每年能吸引数百万国内外游客一起玩泥浆。

其次，设计的节日要有文化内涵。例如翁布里亚爵士音乐节背后有爵士乐文化和意大利文化作为支撑。另外文化内涵不是死的，而是可以融入当代消费者的生活，变成某种生活方式的表达。例如每年4月第一个星期六举行的"枕头大战"是在欧美非常流行的一项活动，创立的目的是为了让都市里的人们不要整天坐在电视机或电脑前，而是到城市中心与其他人接触。如今"枕头大战"成为都市人缓解紧张生活节奏和释放压力的一种有趣发泄方式。另外一个有趣的例子是近年流行的彩色跑，被称为"地球上最快乐的5公里赛跑"，参与者身着白色T恤，跑步的过程中经过不同的彩色站，会被从头到脚抛洒彩色粉末。彩虹跑不是凭空出世的，其中有一种说法是源于印度色彩节（又称胡里节），是一个古老的印度教节日，庆祝正义对邪恶的胜利。在胡里节庆祝活动开始时，人们点燃篝火，然后把彩色粉洒到每一个角落，传播快乐，分享快乐。

目前大家对制造的节日已经司空见惯了，特别是在电子商务中，各大电商平台全年以"造节"形式为促销手段的节日估计接近40个。电商如此青睐"造节"，夺眼球仅是表面现象，抢商机、夺市场、创利润也许才是核心的驱动力。热闹的节日背后是激烈的商业博弈和消费升级的需求。

面对这样的社会现象，我们应该有清晰的认识和积极的作为。一方面，在现有的社会性节日的平台上讲好企业故事。另一方面，希望能有企业给予消费者的节日，这样更容易激起消费者的情感共鸣，从而提高对品牌的忠诚度。

社会学家詹姆斯·哈金（James Harkin）在《小众行为学：为什么主流的不再受市场喜爱》一书之中，用圈层概念解释了背后的原因——由某种文化构建起来的圈层关系，有着很强的归属属性，如同磁石般能用最快速的方式把这个品牌或者这种文化的爱好者聚在一起。

所以这种专属于品牌和消费者的节日，关键是文化的设计——独特、价值感和可持续。

当下和未来的企业经营，仅懂管理是没有出路的，重要的是要懂得文化。这也是恒源祥开展全球文化研究的目的之———未来能为消费者设计更多包括节日在内的载体、形式和内容，满足消费者身、心、神的需要。

# V 品牌经济正逢其时

2008 年的世界金融危机给很多国家带来了太多的忧虑，中国的企业同样面临着严峻的挑战。然而，我们发现此次危机也给中国复兴、成为世界强国带来一次前所未有的机遇。中国已然替代日本成为美国最大债主，是此次全球性金融危机中损失最小的国家之一，从宏观数据来看，中国经济的基本面良好，让全世界羡慕不已。中国巨大的储蓄被世界发觉中国是个"有钱人"，世界开始研究中国，中国人靠省吃俭用省下大把钱财的传统，第一次被认为是美德，同时引发了对美国的超前消费是"败家子"行为的怀疑。人们把"拯救"全球金融危机的目光投向中国，中国已成为全球经济一体化中不可缺少的力量。

研究中国经济状况，我们发现中国的经济主导权并不完全在自己手里，国际市场上"中国制造"没有话语权，中国 2008 年进出口产品的总额都在 10000 亿美元以上，但不论是出口产品的最终定价权还是进口产品的定价权大都不在自己手里。

"中国制造"的最终定价权长期被操纵在国际零售业巨头手里，这使得以劳动力低成本为核心竞争力的"中国制造"处于价值链的最低端，3%～10%的利润是制造企业的通常利润，甚至有些制造型企业还不到 3%。在劳动力成本、原材料价格上涨的情况下，利润出现"跳水"，企业难以为继是可以预见的。所以，当金融风暴引起的全球性经济危机，首当其冲的是制造型企业，其利润被劫，从而引起数以万计的中小民营企业倒闭、停产，甚至迁往劳动力成本更低的东南亚。

而在此次金融危机中，中国实体经济中最有强抗跌性、逆市上扬的是品牌型企业。在出口企业中，当很多"代工"的"中国制造"倒闭时，拥有自有品牌和自主创新的企业仍能挺立潮头，品牌成为应对危机的重要砝码。只有发展品牌经济，我们才能把握住这次千载难逢的机遇，在变革中求得发展并真正成为世界经济强国，才能在世界经济中拥有话语权。

一直以来，"中国制造"的外贸拉动和国内房地产的繁荣，是中国经济高速成长的外因和内因。如今，外贸遭到成本压力的狙击，地产业也因种种政策原因而陷入低潮，中国经济成长的"火车头"效应明显减速。我们在被全球性的金融危机逼回国内时，才蓦然发觉，中国 14 亿人口，是巨大的消费市场，扩大内需成为稳定中国经济的良方，有"家"、有"口"的好处是我们有"老底"、有"退路"。

如何降低企业在经济活动中的风险，如何拉动消费？我们认为，国家应大力发展品牌产业，同时鼓励民众进行品牌消费。

品牌在一个国家的竞争力中具有相当重要的地位。一个地区或国家名牌商品的多少，往往是其综合实力、经济竞争能力和科技发展水平的最好反映。在美国，国民生产总值中 60% 来自品牌产业创造的价值，而中国的国民生产总值中只有不到 20% 的价值是由品牌企业贡献出来的。

比较严重的问题是，国际市场上"中国制造"没有话语权，而在国内市场，中国经济的主导权也在被侵蚀。随着大量引进外资，国外资本和品牌已经控制和垄断了中国经济的很多方面。

我们必须清醒地意识到，中国经济总量很大，但是由于品牌的缺失，中国经济并不强大。"中国制造"在国际市场上大部分被认为是低端、低档的，但是当金融危机来临，对于很多经济比较拮据的美国人来说，他们会调整自己的购买层级，消费日本、德国品牌的就有可能转而消费中国产品。这时候，如果我们能够将品牌做好，同时又做到价格合理，就可趁一些国际品牌处于谷底时，鼓励民众进行品牌消费，统筹国内外两个市场，以品牌经营的方式拥有中国品牌自己的话语权、定价权。在这方面，中国政府应对大力发展中国品牌给予相关政策扶持。

中国应如何大力发展品牌经济，如何夺回经济主导权，我们将何去何从？也许未来中国将给世界一个伟大的传奇。

# VI 品牌带动企业崛起

企业的崛起，要懂得统一和联合，要制定统一的价值观和愿景，更要强调协同发展。

## ● 大企业的秘密

在访问耐克、可口可乐、家得宝等大品牌的全球总部时，我发现了一个奇怪的现象：最初在与这些超级品牌的高层沟通交流的时候，我感觉他们对品牌的认识和意识，远远落后于恒源祥，为什么他们对品牌的意识落后于恒源祥，但又比恒源祥伟大呢？

在对几个品牌进行总结分析后，我找到了答案。原来，他们依靠的不是一个人、一个部门，而是依靠一个庞大的组织、一个有效的体系。在这个体系内，每一个人、每一个部门都有着共同的价值观，紧紧围绕着企业的使命，朝着同一个目标，相互有效地配合，统一行动。在耐克，总部员工5500人；在可口可乐，总部员工5000人；在家得宝，总部员工5000人。在这些品牌帝国里，在这些庞大的组织中，每个人都在做着与品牌相关联的工作，能成就世界上最有价值的品牌靠的其实都是系统的能力。

## ● 国内企业的差距

回过头来看看国内的企业，不缺乏资源，不缺乏人力甚至人才，但这些企业往往做来做去做不大，很多企业家百思不得其解。另外，有一些在跨国公司做得非常优秀的管理人员被高薪聘请到国内企业任职后，总觉得水土不服。这些问题背后的症结可能就是企业缺乏系统的能力。在跨国公司，所有人既分工明确又协作无间，确保了企业持续不断地发展壮大。但在国内企业，往往存在着以下一些情况：第一，眼睛只盯着自己一亩三分地上的资源，这种"单打独斗"的情况好比组成木桶的板既少又短，决定了这个木桶盛不了多少水；第二，过多地依靠一个人或者一个部门，其余员工或者部门相对松散和积弱，这种"一枝独秀"的情况好比在组成木桶的多块板中，只有一块长板，其余都是短板，也决定了这个木桶盛不了多少水；第三，员工与员工之间、部门与部门之间缺乏共同的目标，缺乏统一的行动，缺乏协作和配合，这种"我行我素"的情况好比在组成木桶的多块板中，即使长短差别不大，但板与板之间七歪八扭，间隙过大，同样也盛不了多少水。这几种缺乏系统能力的现象或许就是制约国内企业做大、做强、做长久的重要原因。

### ● 企业的崛起

"他山之石，可以攻玉。"有一部在社会上引起强烈反响的纪录片《大国崛起》，讲的虽然是国家，但国家崛起的道理同样可以为企业所借鉴。其中十分值得玩味的是德国。相对于英法等老牌的资本主义国家，德国可谓是后起之秀，能在短短的 100 多年时间里赶超英法，成为欧洲第一、世界第三大经济强国主要得益于以下几个方面。

第一，统一。德国一度由 300 多个不同的邦国构成。经过不断的征战，1871 年，德意志终于完成了统一，国与国之间的贸易壁垒被打破，货币统一了，关税也被取消了，国家的规模迅速扩大，成本急速下降，再加上抓住了第二次工业革命的契机，德国在全球迅速崛起。

第二，教育。德国将"注重科学与信仰"的教育作为强国之本，即使在战火纷飞的年代，政府也高度重视国民素质的提高。当整个民族拥有了统一的信仰、拥有了科学文化知识的时候，这个国家想不崛起也难。难怪有史学家评论：德国的胜利早就在小学讲师的讲台上就决定了。

第三，联合。欧盟建立以后，统一了货币，统一了军队，统一了科研等资源，在欧盟内部开放了国界，实现了贸易自由。这一联合体系创造的价值，单货币统一每年就可以节省1000亿美金。

以史为鉴，要想让企业崛起，首先要懂得统一和联合，外部要营造统一、和平的氛围和环境，内部要能把分散的人力、信息等各种资源集中起来，这些资源包括企业内部的资源和外部的资源。德国阿迪达斯总部的设计中心拥有世界上最优秀的原材料供应商提供的产品、信息和服务，阿迪达斯的设计师要做的工作就是以自己的创意完美地组合这些资源。

其次要制定统一的价值观和愿景。没有共同的价值观，系统的成员就是乌合之众，产业发展就失去了焦点。在耐克，"做最好的体育运动产品"是企业上下共同的追求，无论是设计、生产，还是营销、传播都完美体现着第一的精神。

还要强调协同。企业要形成系统的能力，首先每个环节，每个点都要努力做到极致，其次要形成一个强大的资源库，最后进行共享。可口可乐总部有规定，不约束各地分支机构的本土化运营，但一定要用好总部的资源。

恒源祥未来的发展同样需要顺应全球化、大品牌运作的趋势。因此，恒源祥未来的发展也一样，要建立一个庞大的组织，一个有效的体系，要建立一个共同的价值观，共同的使命。目前，恒源祥正通过恒源祥联合体的建设，文化战略的导入，创新和创造新的商业模式、产业模式，教育和制度建设，逐步接近理想的目标。我相信，只要我们在这些方面共同努力，恒源祥成就世界品牌的目标就一定能够实现。

# VII 实施品牌战略刻不容缓

　　恒源祥作为上海滩毛纺行业仅存的老字号，论规模和实力都在偏下游位置，但在激烈的市场竞争中，实现了增长与效益的双赢。一个重要的原因就是我们着力经营品牌，通过品牌的特许经营，在上游发展了 100 多家加盟工厂，下游拓展出 9000 多家经销网点，形成了以品牌为龙头的恒源祥联合体。

## ● 发展品牌经济势在必行

　　品牌是企业在激烈的市场竞争中生存与发展的根本要素，是产业甚至一个国家提升核心竞争力的关键环节。

　　首先，培育品牌的过程是提升国家经济实力的过程。表面看来，品牌是企业产品和形象的展示，实际上是企业自主创新能力的体现。低端产品多、名牌产品少。GDP 总量虽然增长了，但获取的产品附加值与溢出价却未呈同比增长，这制约了中国经济可持续发展。因此，要下大气力创造出更多具有自主知识产权的产品，尽快实现由中国制造向中国创造的转变，从而实现产业结构高端化，发展方式集约化。

　　其次，培育品牌的过程是提升企业竞争力的过程。改革开放 40 多年来，我国制造业取得了长足进步，在许多常规产业中，我们的产品质量与洋品牌已区别不大，但销售价格却相去甚远。其原因就在于我们的产品缺乏品牌效应和品牌价值。比如耐克、阿迪达斯等世界名牌的很多产品是由中国加工制造的，但我们只能靠贴牌生存。其结果是污染了我们的环境，浪费了我们的资源，我们却只能拿到微薄的加工费。要突破这一困境，关键在于大力发展品牌经济，最大限度地将真金白银留下，以实现国民经济的可持续发展。

再次，培育品牌的过程是做精产品、做强企业、做大产业的过程。品牌经济是市场充分发展的必然结果。像可口可乐等产品，即使没有技术的重大突破，仍能稳坐市场领导地位数十年，靠的就是品牌经营能力。经过改革开放 40 多年的历练，我国一些常规产业领域的制造能力已相当成熟，完全具备了问鼎世界顶级品牌的能力，关键在于我们还没有成熟的品牌战略，经营品牌的能力还不强。因此，我们要尽快制定品牌发展战略，推动中国经济早日进入品牌经济时代。

## ● 品牌是国家实力和财富的重要因素

在日益激烈的国际竞争中，一个国家的经济发展水平与品牌是息息相关的。可以说，品牌折射的是国家经济实力与科技创新能力。

品牌是组合资源的有效手段。在全球市场上，发达国家的一些跨国公司凭借着强大的品牌资产，攫取了大量廉价资源与超额利润。强大的品牌集群已成为国家经济发达的特征和标志。虽然中国经济总量一直在高速增长，但具有国际竞争力的世界知名品牌相当稀缺。

资源往往是跟着品牌走的，品牌做得好，不仅有助于提升国家形象，而且有助于企业充分用好国际国内两个市场、两种资源。

品牌是开拓市场的有力武器。品牌代表着企业的话语权，甚至常常形成市场特权。1987年，我们把"恒源祥"注册成商标，开始走品牌经营之路，用品牌激活有形资产，建立品牌价值链，缔造了一个跨地区的企业集群，培育出长三角地区70多家资产上千万的民营企业，在全国扶植起2000多个百万富翁，使长三角6万人有了工作岗位，羊毛衫市场占有率全国第一，手工毛线市场占有率世界第一。改革开放后，一些国际巨头纷纷携知名品牌抢滩中国市场，这些外资产品大多是"中国制造"、由中国人消费，品牌却是跨国公司的，赚取巨额利润的也是他们，而我国的加工企业只能得到低廉的加工费。

品牌是引领时尚潮流的一面旗帜。在解决了基本温饱之后，中国人的消费由基本的生存消费开始进入更高层次的情感和精神消费，从而使品牌消费进入了快速增长的阶段。目前，中国已成为全球最大奢侈品消费国。一块计时手表，十几元钱就能做到准确无误，十几万元一块手表就不是简单的计时功能了，而主要是为了体现手表主人的身价。品牌具备强大的时尚引领功能，一个新品牌诞生，往往不仅会催生出庞大的消费群体，而且能够引导源源不断的人流、物流、资金流跟进。品牌的知名度越高，引领时尚的能力就越强。

# Ⅷ 品牌价值新发现

目前，"恒爱行动"公益活动正如火如荼地开展。"恒爱行动"自2005年开展以来，已实现了全国31省市区、新疆生产建设兵团和港澳台地区全覆盖，累计编织超过130多万件爱心毛衣，并于2008年、2009年、2015年3次荣获"中华慈善奖——最具影响力慈善项目"，以一根毛线的力量，搭起了爱心父母与广大儿童情谊联结的平台。

"恒爱行动"项目能在全国各地广泛开展，与恒源祥联合体，尤其是区域分会及经销商的积极响应和参与是分不开的，是恒源祥联合体成员在品牌经营意识和能力上的重大突破。记得有一位分会会长曾激动地告诉我，2006年当地开始举办"恒爱行动"，活动一经开展，自己的绒线零售就立竿见影地增长了300%。

这个明显的增长背后到底蕴涵着怎样的道理，对我们的品牌经营究竟有怎样的意义？

恒源祥的目标消费者在某种意义上可分为两大类，一类是传统的产品消费者，他们首先有一定的消费需求，也在一定程度上知晓恒源祥品牌，他们在终端的消费过程中，一般是先获得了恒源祥产品带给他们的物质满足，后通过对形象、服务、文化等方面的感知和体验获得了品牌带给他们的心理和品牌的满足，并以此为起点，反复进行体验和消费；另一类的目标消费者虽然没有购买或使用过恒源祥产品，但他们通过大众传播、人际传播等渠道或者亲身体验，认识、认知，甚至认同了恒源祥品牌，这部分消费者在市场上会倾向寻找、选择恒源祥的终端，再通过消费恒源祥具体产品，最终获得生理、心理和品牌需求的彻底满足，并以此为起点，反复进行体验和消费。

从这层分析中，我们可以找到财富增长的新方式，一是如何让进入恒源祥终端的消费者体验到在其他终端体验不到的、与众不同的情感和价值的满足；二是如何让更多的人成为恒源祥品牌事件、品牌故事、品牌文化的记忆者，并最终让这部分记忆者成为恒源祥终端的消费者。这种财富增长的方式可以归结为品牌价值创造和品牌价值实现的循环过程。

如果我们把消费者最终购买产品看作品牌价值实现的结果的话，那么品牌在与消费者接触点上的一切表现都应该视作品牌价值创造的过程。价值创造和实现的循环法大大拓展了我们经营活动的视野，并让我们的经营思路变得更超前、更清晰。

反观恒源祥联合体目前的经营状态，绝大多数的成员几乎都感受到发展正遭遇瓶颈，有人分析说这是因为市场竞争异常激烈导致的，也有人认为是因为恒源祥品牌有这样那样的问题。或许这些说法都有一定的道理，但我们也应该扪心自问：如果哪一天拥有了全世界最好的品牌——可口可乐，自己有能力让它继续辉煌 100 年吗？所以，问题的症结或许不在行业上，也不在品牌本身，而在自身经营品牌的能力。

长久以来，联合体成员熟悉和习惯于一项工作——品牌价值实现。工厂把恒源祥商标贴在生产出来的产品上销售给渠道，渠道把贴着恒源祥商标的产品卖给消费者，因为恒源祥是一个知名度很高的品牌，所以我们比其他没有知名度或者知名度较低的品牌卖得好一些、多一些、贵一些，利润自然也高一些，但不管如何，我们中的大多数还只是停留在"卖产品"和从"卖产品向卖品牌过度"的阶段。随着近几年来市场上的品牌如雨后春笋般发展起来，趋同的产品、趋同的终端、趋同的服务构不成消费者对某一品牌的特别偏好，消费者自然被广泛分流，这就是我们会遭遇发展瓶颈的重要原因。如果我们还是继续停留在仅仅做"品牌价值实现"的工作，我们就只能"逆水行舟，不进则退"。

摆在我们面前的只有一条变革之道：不但要做品牌价值实现的工作，还要学会做品牌价值创造的工作，即我们要通过创造和体现恒源祥品牌的个性，满足消费者更高层次的需求——情感和精神的需求，让消费者真正地认识它、认知它、认同它、信仰它。

那我们应该如何提升品牌价值创造的能力？我们可以从品牌资源在消费者心中"落地"开始。

从"绒线大王"到"品牌95周年"，从奥运会到"恒爱行动"，恒源祥悠久的历史以及不断创新的各类活动，是得天独厚甚至独一无二的资源，鲜明地表达出恒源祥品牌与众不同的个性。如果我们能将这些更充分地传达给消费者，我相信，更多的人会成为恒源祥终端忠实的顾客。在积极参与组织"恒爱行动"的联合体成员心里，他们或许已经感受到了在品牌价值创造和品牌价值实现之间循环所产生的价值。

那如果要将恒源祥品牌的个性在消费者心中更好的"落地"，我们要重点做好哪些工作呢？

"落地"的工作要讲究覆盖的范围：中国的消费者比较容易受到

"轰炸模式"的影响且习惯于受到宣传和教育，所以"落地"要全方位——电视、报纸等大众媒体，工厂、销售网络等产销渠道，产品包装、终端形象等一切能和消费者接触的载体；落地的工作还要讲究落地的质量和速度，尤其是速度。从一个资源出现到最终到达消费者的时间是多少？这也是影响成效的关键因素，我们在世界一流的品牌公司例如可口可乐的市场营销中常常能感受到他们令人惊叹的速度，令同行望尘莫及。

"落地"的工作背后考量的是对内、对外的两大标准，对外是消费者能否更好地认识、认知、认同恒源祥的品牌，对内是联合体的成员能否自觉实践价值创造和价值实现并举的工作，这就是恒源祥进一步加大第五次转型力度，提升品牌经营能力的关键所在，也是我们未来的生存和发展之道。

# IX 品牌价值创造的捷径

虽然很多人都听说过恒源祥深化第五次转型的关键在于提升经营品牌的能力，这种能力概括为在创造品牌价值的过程中实现品牌价值，并在实现品牌价值的过程中创造新的品牌价值，但是究竟如何实现这一循环，尤其是循环的开端——创造品牌价值，我相信大多数人还没有感觉。要证实它很简单：让大家以三四百元的价格卖掉一件羊毛衫，几乎人人都会，但要以一两千元的价格卖掉它，不是人人都可以办到。

我们常常说，要有将产品卖贵的能力，其关键就是品牌价值的创造，其结果就是品牌价值的实现。那到底如何才能具备这样的能力呢？

在回答这个问题的时候，我脑海里闪现的是南宋著名词人辛弃疾的名句："众里寻他千百度，蓦然回首，那人却在，灯火阑珊处。"这个问题的答案并不是凭空捏造，而正是在恒源祥品牌历史的"灯火阑珊处"。

记得在1991年，恒源祥生产出的第一批手编毛线上市的时候就遭遇滞销，因为市场和消费者对原本是商店的恒源祥生产出来的毛线心存疑虑。如何才能突破这个难关呢？我想到了国际羊毛局颁发的纯羊毛标志。当时国际羊毛局是世界上最具影响力的毛纺组织，经它颁发的纯羊毛标志是品质的保证，这个观点被消费者广泛认同。如果在恒源祥绒线产品的包装上放上纯羊毛标志，就会加快消费者对恒源祥品牌和产品的认同。于是，公司与国际羊毛局积极取得联系，并开始了艰苦的标志申请工作。终于在1991年的9月28日，恒源祥拿到了纯羊毛标志，并在商店前的南京路上举行了隆重的挂牌仪式。之后的销售表明：消费者通过纯羊毛标志大大加快了对恒源祥品牌及产品从认识、认知到认同的步伐——消费者普遍认为恒源祥是高品质羊毛产品的提供者。随着消费者这一认同越深，对品牌的记忆也就越深，品牌的价值也随之水涨船高。

类似这样的成功案例，在恒源祥的历史上还有很多，有力地推动着品牌价值的提升，所以我们从中可以总结出品牌价值创造和实现的一条捷径：从寻找能提升品牌价值的资源开始，通过策划各类的推广、传播活动，达成社会、消费者对品牌广泛的认同，最终实现品牌价值的提升。

虽然这个过程看起来简单，但事实上要达成预期的目标，需要满足很多条件。

● **资源的核心是文化**

在寻找品牌资源之初，首先要界定什么是品牌的资源？在恒源祥看来，最应该找的是能满足消费者情感和价值需要的资源。例如，在 90 年代初，纯羊毛标志最受消费者青睐，我们就找它作为恒源祥的品牌资源；但是随着时代的变迁，能满足消费者情感和价值需求的内容也在不断变化着，譬如目前我们找到了奥运这一品牌资源。因为我们知道现在的中国消费者十分钟爱它，当产品的包装上，奥运五环的标志出现在恒源祥的商标旁的时候，消费者对恒源祥品牌的感受将完全不同。这是消费者之所以选择恒源祥产品而不是其他同类产品的关键原因。所以，我们知道，找到的品牌资源即便是有关技术、质量等满足消费者物质需求的资源，我们也要有能力把它变成满足消费者非物质需求的资源。因此，无论时代如何改变，洞悉并满足消费者心理和价值的需要是不变的追求，这也是不能被其他企业轻易模仿的核心能力。

## ● 要找就要找第一的资源

寻找品牌资源的第二条标准是"第一"。例如，在当时，国际羊毛局拥有全球毛纺织行业中顶级的资源，恒源祥品牌就去和它对接。彩羊集团参与了全国流行色协会组织的活动，我告诉彩羊集团不能仅仅满足于国内的资源，还要找到国际一流的资源——国际上主导流行色的机构，要建立与他们的合作。原因很简单，消费者更愿意相信国际机构发布的信息，还是国内机构发布的信息？答案是显而易见的。寻找第一的资源是恒源祥一贯的追求：例如在品牌五感研究方面，恒源祥寻找的都是国内外最权威的机构；在科研和生产方面，恒源祥购买了世界上最细的羊毛；在体育赞助方面，恒源祥找到了奥运会，以及世界杯……总之，在经营品牌的各个方面，都要找到第一的资源，因为根据"品牌的原理"，品牌是消费者的记忆，消费者只能记住第一不能记住第二，与其做 100 件第二的事不如做一件第一的事。

## ● 不可为而为之

在寻找资源的过程中，自然会遭遇很多的艰难险阻，其中最大的障碍我认为不是来自外部条件，而是来自自我否定。当初恒源祥商店作为零售业想申请纯羊毛标志，这在国际羊毛局是没有相关规定和先例的。但是，我们并没有因此而止步，制度既然是人定的，也可以被人所打破；没有先例，恒源祥正好可以成为"第一个吃螃蟹的人"，只要一开始的方向是对的，我们就要坚持下去，正因为能做到解放思想，没有被条条框框所束缚，恒源祥创造了全球绒线零售业首家，也是唯一一家获得纯羊毛标志使用权的奇迹。事实一次次地告诉我们：没有什么不可能，谁也不可能阻止我们前进的脚步，除了我们自身。

### ● 在资源和认同之间需要策划活动和宣传建立桥梁

"酒香也怕巷子深"，品牌要被社会和消费者了解和接受，首先需要建立广泛的感知。在获得纯羊毛标志的这一天，公司精心组织了隆重的挂牌仪式。当时邀请了政府领导、媒体记者、社会各界嘉宾出席，消费者则通过现场和媒体的多种渠道了解了恒源祥绒线获得纯羊毛标志的信息。另外，资源最大化地提升品牌价值需要精心的策划，不能生搬硬套，要融合得巧妙，用得相得益彰。

要创造和实现品牌价值，可用的方法有很多，比如我很早以前就强调过：我们在工作中要用好现有的资源，创造新的资源；要用好现有的经验，创造新的经验，还要提高效率；还比如，我们要结识十个媒体的记者，十个行业中顶级的专家学者，等等。

或许找到品牌价值创造和实现的捷径并不难，难的是跨步向前进，持续地向前进。就好像著名学者王国维在《人间词话》中所提及的：古今之成大业、大学问者，必经过三种境界：第一种境界是"昨夜西风凋碧树，独上高楼，望尽天涯路"，说的是坚定的信念；第二种境界是"衣带渐宽终不悔，为伊消得人憔悴"，说的是在执着地奋斗；第三种境界是"众里寻他千百度，蓦然回首，那人却在，灯火阑珊处"，说的虽然是可遇不可求之事，却也是前两个境界的必然结果。每一个想拥有自如地经营品牌能力的人，这三个阶段都是必须经历的阶段。

®

◎　一个成功品牌的建立与经营，绝不是一帆风顺的，这其中除
了必要的客观因素外，也需要我们具备相应的能力与素质。

**2**
Part

致力品牌经营

CHAPTER 6

品牌的基础

# I 经营品牌的三种必要能力

虽然世界上没有一个大国的崛起不跟制造业有关，但制造业只是一个国家从弱变强的过程，而非终点，最终的经济较量靠的不是制造业，而是自主知识产权的运营质量和效率。在未来的全球产业价值链中，纯制造业环节的边际利润会变得越来越薄，它不能支撑一个国家成为经济强国，只有"品牌经营"才能"经营"出一个强大的国家。

## ● 品牌及品牌的附加值

品牌是资产、财富，是一个国家的名片，品牌所集聚的核心专长和核心能力是一国产业集群竞争力的综合体现，更是民族素质和国家经济实力的象征。品牌是无形资产，品牌的有效经营管理，能够推动和支撑一个国家、一个产业的永续发展。

品牌是什么？什么品牌可以做，什么品牌不可以做？品牌实质是为满足人们的心理和价值需要并创造财富。品牌的形成有特定的规律可循，它是市场和消费者认同的结果。品牌经营之路是一条循序渐进之路，我们既不能忽视品牌建设，也不能为求"品牌速成"而拔苗助长。品牌只有按照市场发展的客观规律运作才能表现出持久的生命力。

品牌是什么呢？我认为，品牌是消费者的记忆。消费者记忆一个品牌的多少，就是品牌市场价值的多少。那怎么样才能称得上是品牌呢？我们经过对消费者的调查以后得出一个规律：在 20 个大类的商品品牌中，每一个大类消费者平均能记住的品牌数是 7 个，一般不会超过 7 个。这就意味着品牌的影响力如果进不了行业的前 7 位，它就不是真正意义上的品牌。在整个市场当中排名前 7 位的品牌，如果是 1、2、3、4、5、6、7 的排序，那么它们在市场中获得利润空间的相对值排序是倒过来的 7、6、5、4、3、2、1，即排序在第 1 位的品牌市场利润空间的相对值就可能是 7 倍。

在某些情况下，品牌附加值也可称为商标附加值、形象附加值。普通的产品一旦与著名品牌连在一起，身价立即倍增，写字楼、住宅、家电甚至蔬菜、水果莫不如此。

### ● 形成自己的品牌文化

文化用一句简单的话来概括就是习性，是特定人群普遍自觉的观念和方式。所以文化是一种看不见的力量，一只看不见的手，决定着人们的价值观，左右着人们的行为。

各个国家的文化不同，因此人们的思维也不同。只有明白了不同文化下思维的特质，我们才能明白我们为什么会是今天这个样子，今后要做什么，该怎么做。不同的文化思维，导致了各个国家不同的经济发展水平，文化与一个国家的实力有着重要的关系。做大是美国的文化，全球 500 强公司美国有 200 多家；德国文化严谨，精益求精，在精密制造上成为世界第一；日本由于资源贫乏，岛国文化，它精打细算，因而它做的东西小巧；法国文化是时尚的、浪漫的，因此它的香水最被世界所认同，它的时尚产业也最发达。

文化在品牌的国际化中至为关键，主动和系统输出文化能够消除经济全球化带来的不利影响，并且能为企业国际化进程加速、助力。因此，在用功能满足消费者的需求之前，先要构建消费者对其文化的认同。品牌文化具有长久的穿透力，你建立什么样的文化，这个品牌就有了这个文化基因的价值取向，有了文化的品牌才是有灵魂的品牌，文化决定了这个品牌的生死存亡。塑造品牌的根本是文化因素，即品牌所蕴涵的文化传统和企业核心价值取向，它是决定一个品牌能否持久生存的关键。

## ● 经营品牌的三种必要能力

经营品牌必须要有创新和创造第一的能力。根据"品牌的原理"，品牌是消费者的记忆，消费者只能记住第一，不能记住第二。全世界的人都知道世界最高峰是珠穆朗玛峰，但几乎没人知道世界第二高峰，尽管它们的海拔相差只有 200 米。我国第一个拿到奥运冠军的是谁？大家都知道是许海峰。第二个是谁呢？没人记住他。同样的道理，未来的世界市场没有给第二留下任何位置。你只有做第一，不断地创新和创造第一，才能在市场立足。

"寻找第一的资源"是恒源祥一贯的追求。比如，在广告推广方面，恒源祥是第一个在央视推出5秒时段广告的企业，而且延续15年，从未间断；在科研和生产方面，恒源祥购买了世界上最细的羊毛；在品牌五感研究方面，恒源祥寻找的都是国外最权威的机构；在体育赞助方面，恒源祥早在1995年就找到了奥运会这个舞台……总之，在与经营品牌相关的各个方面，都要使用第一的资源。

经营品牌必须要有把有形和无形资产组合放大的能力。但是现在绝大多数人的观念只把构成物质的有形资产认为是自己的财富，例如厂房、设备。在我看来，这些不是财富，而是成本。只有当我们建立起无形资产才是真正意义上的财富。因此，我迫切希望，更多的企业为建立自己真正的财富而投资，即为建立自己的无形资产、品牌资产而投资。它是永恒的，会带来良好的收益。当我们建立起自己的无形资产并拥有运营无形资产能力的时候，各方有形的资源就可以为我所用。

经营品牌必须要有对资本资产和智慧资产运营和变现的能力。知识和智慧资产，是运营无形和有形资产的核心能力，即在把握消费者需求趋势的基础上，用智慧创造第一，形成无形资产，再用智慧运营无形和有形资产，获得利润。

如果哪一天你拥有了全世界最好的品牌，你自己有能力让它继续辉煌100年吗？所以，一家企业问题的症结或许不在行业上，也不在品牌本身，而在于自身经营品牌的能力。


## ‖ 把握品牌崛起时机


比金融危机更大的危机是隐蔽的财富转移，金融危机预示着新一轮财富转移已经开始，品牌将在新一轮财富转移中承担起载体的作用。

在每一次经济危机中，财富必然会重新分配和调整，经济危机使一部分企业破产，也使一些新兴的产业和企业发展起来，而品牌将是经济危机之后，消费者进入情感消费层面的主要消费对象，品牌型企业将会迎来新的发展机遇。经历此次经济调整后，企业会充分意识到产品仅依赖低廉价格、功能介绍，而缺乏品牌内涵和影响力是没有市场竞争力的。

那么，现在做品牌最大的问题在哪里？我们的企业对品牌的表述还很原始，不管讲产品的情感价值也好，产品的艺术价值也好，都是以产品为导向的。什么是产品为导向？就是讲产品的功能性。企业会把功能性作为主体推广，而消费者的消费特点是喜新厌旧。企业会把这个产品的功能、质量告诉给消费者，重点介绍产品的功能，很少提到产品的品牌。一旦新产品出来了，消费者就会淘汰旧产品。比如一个饮料产品，消费者不喝这个品牌的产品了，因为企业没有把品牌诉求给他，所以他不买这个产品水的时候，就连这个牌子也一块淘汰了，很多商品被淘汰都是这样。

我们做市场，要以品牌为导向，而不是以产品为导向，不要把商标贴在产品上，而是要把产品贴在商标上。比如恒源祥从 1994 年就没有产品广告了，就用"羊羊羊"这句口号，我们是把产品贴在恒源祥的品牌上，消费者要淘汰产品，我们可以换产品；我们没有把产品的功能告诉消费者，而是不断地强调恒源祥是奥运赞助商，是关爱社会的，是有艺术的、有文化的、有科技的……几乎很少讲到功能，所以产品不断更新换代或被淘汰，而品牌却越来越有影响力。

坚持只为"恒源祥"三个字做广告是我们一贯的品牌策略，做品牌是需要耐心的，我们必须得让用于做广告的钱全部用于打造恒源祥品牌上。多年来，恒源祥一直拒绝为旗下的各类产品做广告，能够做到这一点真的很不容易，因为我们要不断地说服经销商，同时还要对很多大牌公司对我们做产品广告投放的建议视而不见。我们多年坚持的结果是，恒源祥品牌的知晓率在中国市场上达到了93.9%。

法国香水很少和消费者讲其中的科技含量，消费者记住的不是科技，而是法国的文化、法国人的生活习性。消费者将法国浪漫时尚的文化与消费行为结合在一起，会认为用了法国的产品自己也浪漫、时尚了。把品牌的概念跟消费者结合起来，品牌的魅力可以彰显出无限的空间。

社会财富重新分配的速度越来越快。每一轮财富转移，都伴随着一批新兴产业的崛起和传统行业的衰落，在以品牌为载体的财富转移潮流中，如果我们能把握时机，增加品牌附加值，就会逐渐摆脱对能源和环境无节制索取维持经济增长的局面。

# III 品牌的培育与提升

品牌已成为国家发展的战略性资源和国际竞争力的核心要素，品牌是资产，是财富，是一个国家的名片。品牌所集聚的核心专长和核心能力，是一国产业集群竞争力的综合体现，更是民族素质和国家经济实力的象征。

## ● 品牌是核心竞争力

产品的质量很重要，但有很多企业也面临这样的困惑：在很多产品的质量已经没有区别、产品严重同质化的今天，我们还能干什么？几十年前，当中国制造兴起并发展之时，我们已意识到中国制造是策略而非战略。那什么才是能为我们带来财富且需要大量投入的方面呢？我认为，强大的产业品牌集群是支撑中国经济持续发展的路途之一。

品牌能够产生高额附加值，是通过有形资产创造无形价值产生溢价，而赢取高额利润的。

品牌是国家综合实力的重要因子，也是国家财富的放大器。虽然中国经济总量一直在不断高速增长，但具有国际竞争力的世界知名品牌依然相当稀缺。在美国《商业周刊》发布的全球最有价值品牌排行榜上，中国企业寥寥无几。"制造大国，品牌小国"的局面亟待改观。

面对欧美国家企业的品牌强势，没有国家品牌的支撑，企业品牌是无法做大的，因为品牌之间的竞争也是各国软实力的竞争。随着中国的崛起，国际广告的舞台上也常常能见到中国产品的身影。市场常常会将来自中国的商品与中国的国家形象联系在一起，当某些中国产品的质量欠佳时，往往会影响中国的国家形象。中国的品牌在某种程度上已成了国家品牌形象的一部分。当它给外国人质量欠佳的印象时，会给中国品牌在国际化征程中带去负面效应，这是中国品牌在国际化过程中微妙而尴尬的处境。

反之，企业品牌是国家品牌的衔接层，也是国家品牌建立的基础，没有强势的企业品牌作为支撑，国家品牌就无法获得全世界消费者的认同。

### ● 品牌培育的几个阶段

从西方经济学的角度分析品牌，它有一个从低级到高级的发育和创新过程。根据西方心理学家马斯洛的研究，人对消费资料的需求客观上是存在层次的，而且消费者的需求与欲望会随着社会环境与经济水平的发展不断变化和升级。相应地，作为消费资料的品牌必须随着消费者需求的变化而不断创新，品牌的发展主要体现为以下几个阶段。

第一是功能性品牌。功能性品牌是为满足消费者最基本的生理需要而产生的，其品牌价值主要出现在市场需求大于市场供应时，以及具有唯一性的自主知识产权时。由于市场不存在竞争，经营者所做的只是尽可能把产量做大，把产品做好，把渠道做通，同时尽可能将产品的功能信息告知更多的人。对于部分新上市的产品而言，功能性品牌是一个必然的发育过程。

第二是规模性品牌。需求决定一切，在消费者的需求下，在同类企业和产品的竞争下，物美价廉是企业竞争的制胜法宝，企业在品牌宣传时应重点突出企业的实力、产品物美价廉的特点，这也就是通常所说的规模性品牌。

第三是技术性品牌。这出现在规模经济发展到一定程度后，各企业的产品质量和价格在达到一定程度后会非常接近且难以突破，而此时的消费者将不满足于产品的物美价廉，更要求产品在基本功能上有所创新，因此功能创新和提升产品的技术含量成了企业的制胜关键。因此，处在此阶段企业的品牌形象主要在最新的生产设备、最尖端的科研技术、最前沿的技术创新以及最高素质的技术人员上做文章。

第四是情感性或者价值性品牌。它以满足人的情感需求为核心，更重视产品背后的文化因素，以附加于产品之外的情感价值作为品牌之间的区别。这种品牌的出现，主要是因为品牌的同质化，使品牌失去了让消费者产生消费快感的消费诱因，消费者对品牌的忠诚也会很快瓦解。因此，技术性品牌必须沿着消费者的需求往上发育到情感性品牌阶段。情感性品牌不仅满足了消费者基本的实物需求，还给消费者提供了实物价值之外的附加价值，甚至给消费者提供了品牌的社会归属感，满足了人类对爱、情义、归属感、尊重等情感的需求。这种品牌跳出了产品功能的束缚，直接针对消费者的心理诉求，因此其带给消费者的消费快感也更加强烈，品牌内涵的发展空间也更加宽阔。

在现实生活中，消费者的消费需求层次并非如此分明，各种层次需求会同时存在，一个品牌可能会同时具有各个阶段品牌的构成要素。因此在品牌的培育和创新过程中，企业要充分分析目标消费群的具体消费需求，根据其需求的多样性，作出最佳的品牌组合培育方案。

### ● 改善我国的品牌成长环境

品牌决定了一个国家、地区和企业在全球范围内组合利用资源、谋求更多利益的能力，品牌战略实际已上升为一种国家战略。因此，国家要为品牌的发展建设良好的环境，这些环境包括：政策环境、市场环境、法治环境、社会氛围。

可口可乐公司前总裁伍德拉夫曾自豪地对世界宣布：即使公司在一夜之间化为灰烬，凭着可口可乐的品牌资产，可口可乐仍能在短时间内重建帝国。这不是一个神话。事实上，凭着可口可乐的品牌价值，银行会争先恐后给该公司贷款。在市场经济发达的欧美国家，一些公司拥有强大的品牌资产，银行把贷款建立在其品牌资产价值基础上，而不是资本结构上。目前，中国的品牌很难凭借无形资产的魅力打动国内银行。这说明，我们品牌资产的间接融资功能尚未实现，再加上中国品牌本身的不稳定性，还难以使银行对其建立足够的信心。

市场环境的变化与中国整体的产业升级息息相关。中国经济的强势崛起，在很大程度上得益于外向型工业的高速增长。这种增长实质上是国际市场需求与国内廉价资源之间的一种简单对接。集中力量进行优势品牌建设，能够有效促进我国的产业链升级，为制造业集群式发展创造新的经济增长和创新转型空间。

法律法规的完善也有利于我国的品牌建设。我们的法律法规应该是能够推动并支持企业发展资产的法律法规，应建立支持中国无形资产、商标资产、品牌资产发展的法律法规。

此外，媒体也应加强对我国企业品牌等无形资产的宣传。只要各方面合力为品牌建设创造一个良好的环境，中国的品牌建设就一定能够有一个大的发展。

## Ⅳ 透视现象，抓住本质

哲学告诉我们：这个世界是由现象和本质组成的。所谓现象是事物的外部联系和表面特征，是事物的外在表现；所谓本质是事物的根本性质，是组成事物基本要素的内在联系。现象和本质是统一的，表现在二者的相互联系和相互依存上：一方面，现象不能脱离本质，任何现象都要从特定方面表现本质，本质是现象的根据，没有不表现本质的现象，脱离本质的纯粹现象是不存在的，即使是假象也是事物本质的表现。另一方面，现象和本质又是对立的，表现在现象外露于事物的表面，人们的感官可以直接感知，而本质则深藏于事物的内部，人们的感官不能直接感知，只能通过抽象思维才能把握；现象是个别的、片面的东西，而本质则是同类现象中一般的、共同的东西；现象形之于外，所以千差万别且多变易逝，它比本质丰富、生动，而本质深藏于内，所以相对平静稳定，它比现象单纯、深刻。现象和本质的辩证关系告诉我们，可以通过现象去认识本质，要通过研究，才能从现象中发现事物的本质，达到科学的认识。

　　大量的现实告诉我们，我们在处理问题的时候，往往满足于从现象到现象。有句俗话"头痛医头，脚痛医脚"，就是典型的从现象到现象的处理方法，不究其根本只能让问题越处理越多、越复杂，让人一头雾水，茫然不知所措。因此要尽早养成看问题、处理问题从现象到本质的习惯。恒源祥开展跨国家文化研究，就是想透过错综复杂的表象，见到各国之"性"，并且用最简单的一个词或者字去反映它，因为我们相信最根本的东西是简单的。这种"性"实际上是一个国家的精神气象和文化习惯的浓缩。把握了这种"性"，不仅能更容易地理解新现象，还可以预见未来可能会出现的现象，做到

"未卜先知"。我们不仅要认识世界还要改造世界，如果要做到这点，还需懂得从本质到本质的做法。只有本质上的东西变了，事物才会真正发生变化，即质变。

恒源祥文化中提出：文化不变，一切都不会变。就现象和本质的关系而言，即便现象千变万化，此消彼长，但本质还是不变。但如何想真正改变本质，恒源祥提出三句话：了解文化，了解命运；掌握文化，掌握命运；改变文化，改变命运。

从现象到现象、从现象到本质、从本质到现象、从本质到本质这四个阶段让我想起了以前经常说的一段公案：学佛前，见山是山，见水是水；学佛时，见山不是山，见水不是水；学佛后，见山还是山，见水还是水。这段话同样告诉我们认识世界改造世界需要我们先从常识世界（现象）中超离，见到本质其实与现象有所不同，所谓"山不是山，水不是水"，但在掌握本质之后，仍须回到现象世界，亦即人我共知的"生活世界"，并通过改变本质创造新的事物、新的历史！

CHAPTER 7

# 品牌的经营

打江山容易，守江山难。在完成品牌的初期创建之后，我们将
面对更加艰难的工作——品牌的经营。

# l 经营之道的"是"与"非"

品牌是资产、财富，是一个国家的名片，品牌所集聚的核心专
长和核心能力是一国产业集群竞争力的综合体现，更是民族素质和
国家经济实力的象征。品牌是无形资产，品牌的有效经营管理能够
推动和支撑一个国家、一个产业的永续发展。

纵观我国经济建设的不同发展阶段，多年来，我们习惯于重视
并运营我们的有形资产，而忽视了无形资产的建设和投入。进入 20
世纪 90 年代，中国制造业开始崛起，仅十余年就已经悄然成为世界
最大的工业制造国之一。但中国对国际市场份额的占领，很大程度
上是"广种薄收"，出口量虽然很大，但经济增加值和国际市场的拓

展空间却不大。我们不得不思考这样一个问题：中国究竟应该以厂房、设备赢得加工大国的美誉，还是以品牌入世？未来中国的发展，究竟是成为制造大国，还是品牌经营大国？

虽然世界上没有一个大国的崛起不跟制造业有关，但制造业只是一个国家从弱变强的过程，而非终点，最终的经济较量靠的不是制造业，而是自主知识产权的运营质量和效率。中国虽然是备受青睐的制造大国，但并未成为真正意义上的经济强国。"中国制造"仅仅是中国经济在 21 世纪参与全球分工的基础，在未来的全球产业价值链中，纯制造业环节的边际利润会变得越来越薄，它不能支撑中国成为经济强国。"中国制造"不能"制造"出一个强大的中国，只有"中国经营"才能"经营"出强大的中国。

走中国经营的道路，其中之一就是走品牌经营之路。中国经济成长的缺陷，在于缺乏自主知识产权的支撑，现有的品牌成长市场机制和市场环境对自主品牌发展极为不利，品牌经营急需相关政策、法律、市场环境的配套支撑，否则实施品牌战略还是一句空话。

现在我们讲的"品牌"或是"字号"，简单来说就是你起了一个名字，从此就有了一个字号，到工商局登记以后就是商标，到有一定影响力了，就变成品牌，等被绝大多数消费者认同就变成名牌了，其实就是这样一个过程。我们现在说"品牌"或者说"商标""字号"，在国家管理运行的体系当中，各种说法还比较乱。到底我们怎么来科学界定"商标""名牌""品牌"呢？

我们国家现在有两个体系：工商体系管理驰名商标、著名商标；

质量技术监督体系管理名牌产品、名牌企业，都是在各自运行的，权责与品牌发展不匹配，那肯定不利于品牌的成长。

我们对世界 100 个最著名的品牌进行研究，发现其中有 84 个品牌是花了超过 50 年以上的时间成为世界著名品牌，还有 16 个则用了不到 50 年时间。研究表明，全新技术的变革与连锁经营模式的发展使一些品牌在不到 50 年的时间就成为世界最著名品牌的主要原因。其他品牌都花了 50 年以上的时间，这是需要耐心的。

中国是 1904 年开始有商标制度的，但在后来的计划经济年代，基本是没有商标概念的，因而《中华人民共和国商标法》从颁布到现在也只有 40 年的时间。所以要建立世界品牌，要创名牌，还有漫长的道路要走。

我们国家是在改革开放以后开始逐步引入这些法规、条例，并着手知识产权体系建设的，包括商标法、专利法、著作权法等。基于我们是从计划经济逐步变革进入市场经济的，这些法律法规的建立，其实是顺着世界知识产权组织的要求来做的，所以我们现在的法律法规主体上是保护，主要的概念是讲保护，而不是讲发展，而最终保护的受益者是谁呢？至少，处在成长期的中国企业，受益较少。我们的法律法规应该是什么呢？应该是能够推动并支持这些企业发展资产的法律法规，应该是有利于支持中国"无形资产、商标资产、品牌资产"发展的法律法规。

比如在我们国家的法律法规当中，企业登记法当中有规定，无形资产在整个资产登记注册当中最高作价不能超过 70%。这意味着什么呢？假说你有 1 亿元的品牌资产，但是你只有 1000 万元现金，你以这 1 亿元的品牌资产入股的话只能算 2000 万人民币，这就是我们市场制度决定的。

这是为什么呢？是市场制度决定支持物质性的发展，而不支持商标资产发展。我们没有真正把商标资产认为是资产。

一组数据很能说明问题：1992 年中国每投入 1 元可以为下一年度或者未来产出 0.5 元的 GDP。到了 2003 年我们每投入 1 元，产出的 GDP 下降到 0.22 元左右。2018 年，每 6.9 元的投入才产出 1 元的 GDP。形成这个现象源于我们投入的是物质性的东西，没有把品牌资产当作是一个真正的资产来进行投入。因而我们说中国市场制度和环境不支持商标产业的发展，是有道理的。

在市场当中，许多企业是以产品为市场导向的发展战略，这是有很大问题的。品牌的发展一定要依靠产品，但以产品为导向的方向，一定是没有出路的。


## II　富强靠的是品牌经营


2003 年，上海市各经济类型企业中，外资企业每投入百元人工成本产出的利润最高，惊人地达到 240 元。外资企业的高产出，主要得益于品牌经营的理念、先进的生产技术和科学的管理模式。经济学研究表明，任何一个行业前 4 名的产值，占行业总产值的 75%

以上。事实上，发达国家行业前4名的市场占有率已经远远超过75％。因此，以上海为先导的中国市场，形成赢家通吃和强者愈强这一品牌马太效应肯定是为时不远的。对此现象，麦肯锡公司的一篇报告表示担忧。这篇报告认为，尽管中国依靠低廉的劳动力价格在全球制造业市场占据着优势地位，但绝大多数中国公司仅满足于为外国企业的知名品牌或自有品牌提供产品，而不是发展自己的品牌。

在1990年之前，雅诗兰黛还只有4个品牌，不到20亿美元的年销售额。但在之后10年，雅诗兰黛在业界频频发起收购。雅诗兰黛全球总裁连翰墨曾表示："我们只收购对公司具有战略意义的品牌，收购的品牌必须与公司现有品牌形成互补而不是相互削弱的关系，并给公司带来独特的商业机会。"

那么，跨国公司希望通过收购中国品牌带来怎样的商业机会呢？世界500强公司之一的德国汉高2004年2月对上海轻工控股集团旗下"熊猫"品牌的收购，或许算得上最好的注解。在这项收购交易中，德国汉高以"令人满意的价钱"全面收购了轻工控股集团全资子公司——上海海文集团的"熊猫"商标和品牌，并不收购产品、生产线和接管人员，而海文集团将就此受德国汉高之托为其贴牌生产。引人注目的是，"熊猫"牌白胶和万能胶自1996年起就连年被评为上海市"名牌产品"、上海市"著名商标"等，在上海市场上的份额已逾60％。而在1990年进入中国的德国汉高，除个别胶种能够占据大陆50％以上的市场份额外，其他胶种均无法与本地产品相抗衡，其在上海白胶市场上的份额还不及"熊猫"的50％。

在占尽优势的条件下,"熊猫"通过"与国际资本合作的新路子"把自己的名号拱手让人,不能不令人遗憾。两相比较,更加衬托出缺乏品牌支持的中国经济已陷入成长黑洞。而中国经济要向品牌资产经营这一企业最高经营境界的方向努力,必须先行理清现有阻碍品牌成长的环境。由于形成品牌经营所需的政策、法律远非通过无形之手能够自发形成的,必须通过政府的有形之手来推进中国的品牌战略。目前,需要制度层面推进品牌战略的焦点问题主要集中在以下几个方面。

## ● 改进会计制度确立品牌动态价值

品牌是企业最重要的无形资产,是一个企业的生命线。作为企业生存的基石,为了保证品牌获利能力的完整性、持续性和有效性,企业必须支付品牌的各项维护费用。纵观全球的著名品牌,像可口可乐、麦当劳,并不是所在国的支柱产业,但为什么能成为全球最好的品牌呢?主要原因是,它需要大量的资金导入,仅广告成本就十分惊人。比如,一个品牌在美国的导入成本,需要7500万美元,如果中国企业没有这个实力,其品牌要打入美国市场,是不可能的。以恒源祥为例,为了让"恒源祥"保值、增值,恒源祥在2000年的维护费就近1亿元。而20世纪90年代中期,在中国导入一个全国性的品牌只需1000万元。现在,恒源祥每年的品牌维护费已超2亿元。显然,品牌维护是经营企业的一项长期投资。

令人遗憾的是,现行的会计准则明确规定广告宣传费,是在费用发生的当期计入期间损益并列入销售费用科目。显然，作为经济语言的会计目前无法提供品牌资产的全貌。

中国市场的对外开放和商品经济快速发展的进程，很快会将企业无情地推入品牌资产经营的国际竞争轨道。在这种情况下，应该尽快更新会计制度以确立品牌的动态价值，以促进品牌抵押、担保、上市和交易等资本运作。对品牌在资产负债表上的价值，美国会计制度的摊销政策已经发生了重大变化。以前执行的配比原则要求将购买的无形资产在一定的时期内逐年摊销；现在规定，按照客观性原则，除非所购买的品牌价值有明显的减值，否则不必摊销。

## ● 从市场环境及法律层面加大品牌资本化力度

近年来，一些外资企业在上海的经营业绩稳步攀升，其奥秘就在于，它们以品牌授权、品牌特许等方式进入中国市场，形成竞争优势。对于中小企业尤其是小型科技企业来说，融资问题更是至关重要的。小型科技企业的特点，一般是拥有科技成果但缺乏一定规模的固定资产，想要凭借手中的专利技术等无形资产去银行贷款，几乎不可能。在银行不能找到"知音"，寻找资本合作伙伴似乎还有路可走。一些地方为了鼓励创新，科技成果入股的比例突破了35%，但是真正操作起来，却又不那么顺畅。一方面持有资金的企业家对科技成果理解甚少，双方沟通起来非常困难；另一方面无形资产到底值多少钱，也没有一个权威、准确、公平的评估方式。于

是，有形的资本和无形资产不得不各走各的路。2018 年新修正的
《公司法》草案已将无形资产的比例增加到 70% 以上，这应该是中
国无形资产经营的福音，说明无形资产作为资产的观念正在形成。
从法律上来说，商标等无形资产可以股权形式投入企业，从而成为
总股本的一部分；从理论上说，总股本的任何一部分是可以以股份
质押的形式去银行质押贷款的。那为什么体现无形资产那部分股份
就不可以呢？这从表面上看是制度政策与法律不匹配，其实质是还
没有深刻认识到无形资产的意义和作用。因此，我们应该从制度和
政策上去建立与法律相匹配的、促进无形资产发展的体系。

　　无形资产值钱吗？如果值，能够值多少？这个问题，要银行和
资本来回答，可能会勉为其难。因为银行多年以来一直为不良贷款
所困扰，如果以看不见实实在在身影的品牌等无形资产去质押贷款，
怎么能不让它万分小心？有银行界人士称，目前银行很难接受用无
形资产抵押的借贷方式，关键是存在商标的变现问题，我国还没
有形成无形资产的交易方式，因此造成了一些品牌有价无市的怪
现象。

　　这个分析不无道理。比起有形资产，品牌这种无形资产的价值
评估更为复杂。完善评估体系使其更具权威性，是当前迫切需要解
决的问题，否则，品牌资产将永远无法敲开银行的大门。可口可乐
等品牌价值评估需具备七大要素，包括"品牌的领导力、品牌的稳
定性、品牌的发展趋势、品牌的市场环境、品牌的支持情况、品牌
的国际化、品牌的保护"等。相比之下，我国的很多品牌评估方法，
如用未来的收益折算出品牌的价值，就显得非常草率，并不能体现

品牌资产的真正价值。而且由谁来监督和制约评估机构，保证其不造假也是一个问题。此外，商标专用权是一个变量，企业业绩、经营方针和经营者素质都会改变品牌的价值，所以，即使是知名品牌，也不能搞"终身制"。品牌企业的信誉与名牌商标、商号等宝贵的无形资产，是企业以往经营绩效的积累，是一笔巨大的财富，用无形资产抵押贷款，是对这种经营绩效的承认和肯定。中国不乏拥有优质无形资产的企业，也有用无形资产向外资银行贷款获得成功的案例。目前，在企业急需资金，银行却积压大量贷款的情况下，中国金融业应该给企业一次机会，与有关部门协同解决无形资产变现的问题，从而形成银企合作，实现"双赢"。

### ● 不仅要加大知识产权保护的力度，更重要的是要发展知识产权

根据无形资产涵盖的法律内容，目前在企业无形资产中占据最重要地位、最活跃和具有经济效益的是知识产权。

二战以前，一些发达国家靠战争掠夺他国资源达到富强的目的。现在，发达国家依靠建立在全球的世界经济组织掠夺发展中国家的资源。它们通过这些经济组织制定的游戏规则控制世界经济格局的发展，知识产权保护是发达国家为了保护自己的经济利益而制定的一项经济规则。发展中国家，由于其不是游戏规则的制定者，而是按照发达国家制定的规则出牌的参与者，注定只能处于被动局面，在世界经济竞争中处于劣势。中国市场规模大、潜力大，吸引

了众多外国投资，但外资并没有把全部的知识、技术，尤其是最新的技术转让给中国。有一些跨国公司变本加厉，通过不断修改法律，扩展保护范围，提高保护程度，动不动就把消费者也当成了"盗版者"，完全"异化"了制度。我们不得不质疑，保护知识产权的根本目的是什么？它已不再鼓励创新，而是主要保护这些巨头的商业模式。这反而会阻碍了知识传播，制约了新技术的发展，制约了创新活动。

在资本主义国家，大多数发达国家大型现代化企业的知识产权保护都有 100 年以上的历史。而中国建立知识产权有关制度仅有 40 年的历史，我们与之存在着相当大的差距。在高新技术产业中，外国公司的知识产权占绝对优势，中国制造产品出口因知识产权问题频频受阻，传统产业的技术升级面临知识产权竞争，国内一些优势企业受知识产权侵权的困扰。这 40 年中，我们仅仅只是建立了初级的知识产权保护体系，还谈不上知识产权的发展，最简单的问题是知识产权的职能部门设置重复，职责不清晰，缺乏经验，缺乏相关制度支持，更关键是没有人才。

发达国家对于滥用知识产权的做法，有复杂和周全的法律制度来制衡，保证公众利益不受伤害，如竞争法、反垄断法等，而发展中国家相关法律不健全，这就是为什么我们总是特别容易受到冲击和伤害的原因。因此，发展知识产权已是国家迫在眉睫的问题。

## Ⅲ  经营品牌需巧思

品牌打造，无论是对个人、企业、组织，还是对地区、国家，道理都是一样的，就是如何在消费者心中形成记忆。而被多少人记住、记住的程度有多深，以及用怎样的成本形成大家的记忆，就是品牌运营要解决的核心问题。

打造品牌要早，这样成本才低。品牌打造需要考虑三大成本：导入成本、维护成本、提升成本。众所周知，这三大成本每年只会提升，不会下降，所以品牌越早建成本越低。此外，消费者在某一领域记忆的品牌数是有限的，一般不超过 7 个，品牌越早建立，就能越早抢占有限的"位置"，反之，"位置"一旦被占满，再去抢占，就需要花费极高的成本。

打造品牌定位要准，这样成本才低。品牌的核心优势是差异化，即与众不同。品牌一方面要把自己最有价值、最有特色的东西展示给消费者；另一方面要做别人没做过的事情，说别人没说过的话，不断创造新价值，才容易被人记住。所以，恒源祥有句老话：与其做一百件第二的事情，还不如做一件第一的事情。

打造品牌要持久，这样成本才低。品牌一旦确定下来，就要每年坚持投入、坚持运营。围绕品牌的差异化定位和价值，用多种多样的方式，在各种各样的场合和消费者进行互动交流。我常建议大家要从 100 个角度去讲品牌的故事，不要怕重复。如果我们坚持经营品牌，还有一个好处，就是可以反复使用已经建立的经验和资源，品牌建设的投入就可以摊薄，效用就可以提升。

　　恒源祥的品牌建设一直遵循这些观点。早在 2000 年，恒源祥就与中央电视台电视剧频道合作拍摄了一部反映恒源祥发展史的 20 集电视连续剧《与羊共舞》。2006 年，品牌 80 周年庆前夕，又公开出版了报告文学《羊行天下——恒源祥的故事》；之后又在此基础上，按照评书话本的要求，重写了恒源祥的故事并出版《羊神》一书，供中国评书大家单田芳先生演义，单老播讲了 80 回的评书《老店风云》，在全国数百个电台播出；单老又在此基础上，用电视评书的形式演义了 40 回评书《羊神》。2014 年，恒源祥的创始人沈莱舟诞辰 120 周年之际，集团推出了话剧《大商海》，讲述的也是恒源祥创业的故事。

　　虽然打造品牌的成本水涨船高，但只要利用好已有的资源和经验，不断组合新的资源和经验，提高效率和效益，就一定能赢得长久的发展。

# Ⅳ 老字号企业的发展必须与时俱进

　　2006 年的夏季，瑞典"哥德堡号"进驻上海港，引发了政府首脑、商贸界人士到普通市民对"哥德堡号"的浓厚兴趣，招商引资和品牌推广活动正从"哥德堡号"的甲板延伸到广泛的长三角地区。

"哥德堡号"是瑞典东印度公司于 1738 年斥巨资建造的当时世界上最大的木帆船，1745 年 1 月从广州起航，历经 8 个月后在距哥德堡港 900 米处触礁沉没。1994 年瑞典民间集资再造"哥德堡号"，历经 10 年完成。经过 330 多天、约 3.5 万公里的海上航行后，"哥德堡号"商船正式抵达上海。

可以想见，在漫长的历史长河里，在茫茫的大海上，沉没的古船不胜枚举。但是它们中很少有幸运如"泰坦尼克号""哥德堡号"，能够在灰飞烟灭数百年后，重新回到人们的视野，成为现代社会品牌营销的成功载体。

这很容易让我们联想起中国的老字号。建国时，中国约有老字号企业 1 万多家。到 20 世纪 90 年代，原商业部认定的中华老字号企业只有 1600 多家。老字号企业不仅数量迅速减少，经营状况也不容乐观，只有 10% 的企业生产经营效益比较好。

"哥德堡号"成功"借尸还魂"，对老字号运作具有借鉴意义，至少有两个特点可以学习。

一是扬长避短，把"哥德堡号"这一"灾难之船"改造为"喜庆的天堂"。"哥德堡号"刚抵达上海，已经有不少年轻人瞄上了这艘颇具浪漫气质的仿古帆船。"哥德堡号"环球旅行途中，曾经有不少有情人在船上终成眷属。在这里，"哥德堡号"不再是灾难之船，古旧的文化演变成现代时尚。

二是名称不变，其他都变。"哥德堡号"的动力系统，造船材料等较之 250 多年前的"哥德堡号"，做了许多根本性的改造。只有这样才能经受住风浪的袭击。同时，今天"哥德堡号"的使命也发生了根本性的变化。随"哥德堡号"到来的，是一支庞大的瑞典企业家代表团。其行程中重要的一个环节，是考察中国部分经济开发区的投资环境，伺机投资。承载着这样使命的船只，无论进入哪个发展中国家都是非常受欢迎的。

对老字号而言，借鉴"哥德堡号"这两点做法也很重要。老字号有许多的问题，但是也有长处，可以"倚老卖老"。老，意味着历史悠久，意味着较高的知名度，历史给了老字号曾经的机遇，它们当年都是闻名遐迩，这种知名度是许多新品牌梦寐以求的。这是老字号独有的优势。

除了字号可保留以维系消费者的感情外，老字号其他一切都必须改变，以迎合时代的变化。以恒源祥为例，恒源祥原是 1927 年创立的一个小商店，专门销售人造丝和手编毛线。之所以能从 1987 年以后逐步发展成为一个大型企业集团，关键就是恒源祥利用品牌优势撬动了庞大的社会有形资产。1987 年，除了恒源祥这个 100 平方米小店之外，恒源祥只剩下一个老字号"恒源祥"三个字，其他一无所有，可是，恒源祥人就是盯上这个老字号，将其名称注册为商标。此后，充分运用老字号这一无形资产的魅力，以品牌为纽带，通过联合经营而非直接投资的方式组建了日长夜大的"战略联盟"。

新的可以老去，老的可以翻新，这是每一个品牌经营者都需要掌握的辩证法。

# V 三个石匠

　　管理大师彼得·德鲁克于 1954 年出版的《管理的实践》一书中讲了一个关于三个石匠的故事。故事说：有人问三个石匠在做什么。第一个石匠说："我在混口饭吃。"第二个石匠一边敲打石块一边说："我在做全国数一数二的石匠活。"第三个石匠停下来，凝神望着远方的天空说："我在建造一所世界上最有特色的大教堂。"十年之后，第一个石匠手艺毫无长进，被老板炒了鱿鱼；第二个虽然勉强保住了自己的饭碗，但还只是普普通通的泥水匠；第三个石匠却成了著名的建筑师。

　　关于这个故事的解读有很多的版本，最现代的理解与"愿景和使命管理"联系紧密，也就是说，不管是企业还是个人，都要有一个大的规划和目标，而且每一点的努力都是围绕其展开，才能激发出潜能和热情，最终获得全面的成功。此外，我们还应该看到德鲁克 60 多年前讲这个故事还说明了企业如何进行愿景和使命的管理。他强调技能是必不可少的，但技能不是管理的全部和根本，技能必须与整个企业的使命联系在一起。德鲁克提醒管理者永远不要忘记企业存在的理由和为之奋斗的目标，而不是钱。他认为，追求利润不是管理决策的原因，而是对管理决策有效性的检验。企业存在的目的必须"在企业之外去寻找……在社会中去寻找"，"对经营目的只有一个站得住的定义：即造就顾客"，"……社会把能生成财富的资源委托给企业的目的，就是要满足顾客的需要"。

德鲁克在 60 年前提出的观点现在看来依然是如此睿智和富有远见。马云曾谈及他在纽约参加世界经济论坛，听世界 500 强企业CEO 谈得最多的话题就是使命和价值观。星巴克的总裁霍华德·舒尔茨曾发表过一篇文章，标题是《价值观塑造了星巴克的今天》，世界上得益于拥有使命、精神和价值观的企业何止星巴克一家，他们遍布各行各业，基本都是行业的翘楚。

随着 20 世纪 80 年代初企业文化等西方的管理概念传入中国，中国的企业也开始注重使命、精神和价值观等企业文化的建设。正如德鲁克曾指出：一个企业不是由它的名字、章程和公司条例来定义的，而是由它的使命来定义的。企业的使命、精神和价值观是企业的灵魂。美国前总统克林顿曾经提出这样的观点：有时领导者不知道该往哪儿走，没有什么引导他们，他们也没有榜样可以效仿。这个时候，是什么让他们作出决定？克林顿说："是使命感。"无论是企业还是个人，在发展的过程中都存在着对自身定位、目标、方向、行进路线、判断标准等核心问题的思考，所以我们必须得树立自身的使命精神和价值观。

那什么是使命、精神和价值观？对这三者的解释繁多，但我们不妨简化。

关于使命，简而言之就是你将到哪里去？你的方向是什么？未来在哪里？

关于精神，简而言之就是支持达成使命的境界。

关于价值观，简而言之就是你是谁？你想成为怎样的人？你让别人记住你和他人有哪些不同的特质。

　　企业和个人无论是意识中还是潜意识中的言行，在某种程度上都受着使命、精神和价值观的驱动，所以我们必须树立正确的使命、精神和价值观。

　　恒源祥所倡导的使命、精神和价值观是：

　　使命：成为历史的一部分

　　精神：无我、无限、无中生有

　　价值观：持续为社会创造价值

　　很多人反映，恒源祥的使命、精神和价值观的表述比较抽象、不容易理解。确实，在制定恒源祥的使命、精神和价值观的时候曾有这样的考虑：首先，这三者一旦定下来，不应该经常改变，做到这一点的前提是无论在高度上、深度上都要有空间。以恒源祥的价值观"持续为社会创造价值"来说，这是一个普世的价值观，具有长久的生命力是毋庸置疑的。恒源祥以此为价值观、个性，在于我们自身对"社会"和"价值"范围的界定："社会"既可以是消费者、合作伙伴等个体，也可以是行业、民族、国家，甚至全球等组织和团体；而所创造的价值既可以是产品新功能、终端好服务的价值，也可以是引领新技术、新模式、新潮流等的价值。

　　其次，联合体中所有成员要能够在这个大框架下建立起既符合大方向又有个性的个人使命、精神和价值观，所以使命、精神和价值观的设定在宽度上要有空间。以恒源祥的使命"成为历史的一部分"为例，这里有很多层次，包括成为公司（部门）的历史，成为恒源祥集团的历史，成为所在区域的历史，成为所处行业的历史，成为国家的历史，成为民族的历史，直至成为全人类的历史。我们每个人都可以找到自己的奋斗目标和定位。

在使命、精神和价值观中，可能最难理解的是"无我、无限、无中生有"的精神，多数人都感觉"玄之又玄"，其实就是处理好"我与他""舍与得""有与无"之间的关系。所谓"无我"可以理解成：为人处事不是以我的利益为出发点，而是要以社会、以别人的利益为出发点，也就是"利他"，让别人获利、让别人成功；所谓"无限"，可以理解成持续地、不断地让别人获利、让别人成功；而"无中生有"说的是：经过前两个阶段，看似我一无所得，但是在这个阶段"无"会转变成"有"，自己还是会得到应得的那一部分。同时，这也是一个不断往复循环的过程，一旦你得到了，你就"有了"，需要再开始"无我"。

以上仅仅是帮助大家理解恒源祥的使命精神和价值观，我们可以此为工具，但不能局限或者停留在这"工具"上，因为工具只是手段，不是根本，根本还在于每个人不断的领会、觉悟，树立起属于自身的、正确的使命、精神和价值观。

恒源祥建立使命、精神和价值观的过程，不是谁拍脑袋创造出来的，而是对组织"命"和"运"深入探索思辨的结晶。我们经常说"运"是需求，在界定企业使命、精神和价值观的时候，应深刻地发现和把握未来需求的发展趋势；而"命"是文化，是能力，同样需要企业深入地剖析企业的发展历史，归纳出企业所具备的文化习惯和核心专长。只有组织能认同、能胜任而又能被社会所接纳的使命、精神和价值才能真正成为企业的灵魂，在组织成员的身上外显于行、内化于心，否则只能成为墙上的装饰或者口中空洞的口号。

个人建立正确的使命、精神和价值观也可以用同样的方法：第一，明晰需求，需求可以是部门、企业的微观层面，也可以是行业、社会、全球的宏观层面；第二，明晰个人的文化和能力。结合两者找到自己的坐标、发展方向和行进轨迹。正因为使命、精神和价值观是建立在对"命"和"运"的把握基础上，而"命"和"运"不是一成不变的，是变化着的，所以我们的使命、精神和价值观也会发生改变。我们应该以积极的态度应对，不能因为使命、精神和价值观重要而故步自封，诚如亨利·福特的历史就显示出，即使是最辉煌的企业思想也会变成陈旧的思想——一种确实改变了经济和社会的企业思想只过了十五年就成为一种陈旧的思想了。所以在建立、践行企业和个人使命、精神和价值观的道路上，有两点是"不变"的：第一，无论是组织还是个人，我们必须要有使命精神和价值观；第二，无论是组织还是个人，我们的使命精神和价值观都可以并应该随着社会发展而调整。

# VI 生生不息的秘密

目前全球的日子不好过，对未来，大家都感到迷茫，都在大谈危机。我认为当下中国经历的既不是经济危机，也不是金融危机，中国碰上的是什么危机呢？是品牌危机。

品牌包括区域、组织和个人的品牌。大家的财富正在向优秀品牌转移这一现象就可以知道中国品牌危机的严重性：现在只要有点钱的人都习惯送孩子到欧美国家去读书，有些人索性移民国外，把财产统统带出国；在消费产品时，国内生产的相同功能的产品不买，就是要买法国、英国、德国生产的世界一流品牌的产品。国内的企业之所以遭受损失，一方面是因为需求受到全球经济大环境的影响，另一方面，国内消费者的财富在向国际品牌转移，我们的产业不受影响是不可能的。

对待危机，最重要的是正确地分析原因。面对金融危机，企业会感到生意十分难做，业绩特别难看，压力巨大，很多人把原因归结为大环境的影响。确实大环境有一定的影响，但是我们不能以此为借口，也不能以此掩盖真正的原因。在我看来，外在的危机不是主要的，内在的危机才是关键。对企业而言，首先需要确立一个观念：什么容易遭受打击？有形的东西，例如拥有的货币、厂房、产品、终端等，一旦政策有调整或者遭遇灾祸，这些财富的损失将是十分明显的；相反，无形的东西受打击的程度就要小得多。例如，品牌、文化、个人的能力，这些都是根植于人心的，除非把人消灭，上述手段基本无法伤害无形的财富。认识到这点，我们就要经营好我们的品牌、文化，提升好自己的经营能力。待这部分基本功练好了以后，外部再大的危机，也不用太担心，一方面，自己无形的财富较不易受到伤害，另一方面即便有形的财富受到一定的伤害，自己也有能力比其他人更好地应对危机，比别人活得更长、更久。企业要做到"不死""死不了""打也打不死"，到最后的"自己想死也死不了"的境地。

影响企业未来发展的不仅在外部，还在内部，是品牌的危机，是无形的危机。许多企业还没有建立能够变成某种文化趋势，甚至变成文化基因、文化习惯而代代相传的品牌。如果要让全社会的消费者对一家企业有这样深刻的记忆，是需要企业为他们创造价值、作出贡献的。只要企业所有成员都有这样一个理想，有这样一种心情和心态，并具备这样的能力去做这些好事，所构建起来拥有深刻文化内涵的品牌，其生命力将会是无穷无尽、生生不息的。

# VII 经营品牌要细水长流

现在很多企业无论有意识与否都会制定"做大做强"战略，但理想很丰满，现实很骨感，一般有这些想法的企业，要么没做起来，要么应了《红楼梦》里的那句话："金满箱、银满箱，展眼乞丐人皆谤……"，当下已经过了那个只要有激情、有魄力就能成功的年代。市场红利消失后的企业发展基调更显沉稳，越来越多的企业家谈及发展目标时强调塑造百年企业、将企业做长做久。这些言论与先前那种只有美好愿景截然不同，是企业家放眼观察了国内外企业发展以及剖析了自身经历后作出的决定。

十年磨一剑。而我的认识是，当大家都想十年磨成剑的时候，已经没有了机会，估计二十年磨成的"剑"才有成功的可能。

很多人问我，赞助奥运这么贵，要多卖多少件衣服才能收回成本呀？如果是从促进销售的角度来看奥运赞助的话，短短几年的赞助周期内，成本肯定收不回。恒源祥当初决定赞助的目的主要不在于赞助季里多卖多少件产品，而在于塑造百年品牌，将企业做长做久——如此一来，赞助奥运的费用就可以摊薄到 20 年、30 年甚至 100 年里。如果这样设想，成本就低了。

这只是以品牌费用为例，其他成本，例如土地、人力等越来越高是必然的趋势，要控制好成本，企业的战略规划必须以做长做久为前提。

要形成做长做久、打造百年老店的战略，首先需要培养相应的思维习惯，然后是行为习惯。

在思维习惯上，企业要为自己的长远发展留出足够的战略纵深。用恒源祥的话来说，要有时间性、空间性和个性。恒源祥的企业文化核心内容包括——使命：成为历史的一部分；精神：无我、无限、无中生有；价值观：持续为社会创造价值；社会责任：推动人类和社会的进步和发展……绝大多数的人认为这些只是装点门面的东西或贴在墙上的口号，其实不然。每一句话都是恒源祥经验的凝结，也是恒源祥做什么、怎么做的准绳。纵观全球基业长青的企业，一定是理想集团而非单纯的利益集团。马云等著名企业家在给予创业者建议时，首先讲的是创业的使命和愿景，背后也正是这个道理。特斯拉的掌门人埃隆·马斯克，他的梦想是在火星上退休。马斯克厉害的地方就在于他跳开了当前时代和地域的限制，这种天马行空的战略思维值得借鉴。

在行为习惯上，一旦定下目标，关键就要留出足够的时间和过程来进行打磨。古往今来的实践一再证明，有价值的东西都是磨出来的。

如今，人们都显得比较浮躁和急功近利，恨不得今天投入、明天产出、后天赚钱，所以有太多短平快的做法，但做出来的东西经不起考验，质量问题层出不穷。国家现在强调工匠精神，希望大家耐得住性子——事物发展的道理在于不能奢望毕其功于一役，应该由"如切如磋，如琢如磨"的修养，到"如金如锡，如圭如璧"的升华。这就需要耐性，需要提前量，需要坚持。

恒源祥早已认准了以品牌和文化为战略核心工作，讲究的是在核心专长中寻找多元化，而非在多元化中寻找核心专长。这点大家很容易就可以在恒源祥过去、现在的工作以及未来的规划中找到证明。

举个例子，恒源祥80周年庆没过多久，就宣布开始品牌100周年庆的倒计时活动。我们一直在思考，要让这个100周年庆典在社会上留下什么，并且要做相关的准备。

又如，从2008年开始，恒源祥为中国体育代表团打造的礼仪服饰被称为"番茄炒蛋"，2012年、2016年也都是红黄配色，在指定市场营销方案时，也都围绕"番茄炒蛋"展开。我们在开展项目方面，不能像猴子掰玉米，看到一个好的掰一个，把原先的玉米就丢了——这样到头来还是一无所有。我们选择好目标和项目后，必须坚持下去，每年都要延续，每年都要推进。恒源祥除了赞助体育外，还有很多项目延续了十几、二十几年，例如编撰《创导》、发起"恒爱行动"、举办"恒源祥文学之星"中国中学生作文大赛、救护可可西里藏羚羊等。唯独历史无法复制，这是企业做长做久的前提所在。

细水长流背后往往也是静水深流。企业在把握时代发展潮流的同时具备优秀的文化品质，才能让事业生生不息、代代相传。

CHAPTER 8

品牌的应用

人们都知道品牌中蕴含着巨大的价值，而不一定知道如何让品牌的价值和效用实现最大化。这是很多企业面对的难题，也是品牌价值实现的重要课题。

## Ⅰ 品牌竞争力助企业"过冬"

2008 年金融危机后，越来越多的人感到"冬天"过早地降临。对于埋头多年"种地"、以制造起家、以贸易为主业务的中国企业来说，那个冬天格外寒冷。很多企业将面对经济动荡的考验。

虽然中国经济的基本状况仍然向好，但中国经济"拐点论"风声四起。经济学家们关注到以品牌为竞争核心的企业在这场风暴中的损失却没有那么大，大部分品牌企业的经营在"冬天"来临之际，利润仍在增长。

三十多年前，当"中国制造"开始在全球四处开花时，我们就已经意识到，以低成本劳动力为核心竞争力的"中国制造"抗风险能力是很弱的，一个重要原因就是"中国制造"的利润太低，3%～10%的利润是制造企业的通常利润，甚至有些制造型企业只有3%，这样的利润率在劳动力成本、原材料价格上涨的情况下，利润出现"跳水"是可以预见的。

当"中国制造"声名鹊起之时，有人提出"中国制造到底能够走多远"的疑问，也发出呼声："制造不能造出强大的中国，但经营可以使中国富强"。当金融风暴引起全球性经济危机，首当其冲的是制造型企业的利润，从而引发数以万计的中小民营企业陷入困境。正是在这种时刻，政府接连启动了针对中小企业的信贷突破性实验，等待政策的"变脸"成为一些企业的救命稻草，但对企业来说，更重要的还是提高自我抗风险能力。

是否具有把自己的产品卖得更贵的能力？如以三四百元的价格卖掉一件羊毛衫，几乎人人都会；但要以一两千元的价格卖掉它，不是人人都可以办到。现在国外品牌的羊毛衫有很多是中国制造的，但是在国内市场却能卖出一两千元的价格，这就是品牌的价值。

创造和实现品牌价值的一条捷径是从寻找能提升品牌价值的资源开始，通过各类的推广，达成社会、消费者对品牌广泛的认同，最终实现品牌价值的提升。

"冬天"虽寒意逼人，但却给"中国制造"提了个醒。企业如何在重大危机中安然"过冬"，提升产品的品牌价值将是有效的方法之一。而且对于中国企业来说，已有越来越多的企业调转出口的目光瞄向14亿中国人的巨大内需市场，此刻正是启动品牌型消费的利好时机。

# Ⅱ 组织架构新趋势

奥林匹克品牌可谓全球品牌管理的标杆，它历经百年风雨，至今仍保持活力并不断释放出惊人的吸引力，究竟它有一个怎样的组织才能确保奥运事业的可持续发展，曾引发了我的好奇。

奥林匹克大家庭是一个品牌化组织：它是以《奥林匹克宪章》为核心，以国际奥委会、国际单项体育联合会和各个国家或地区的奥委会为三大支柱，并与包括运动员、教练员、裁判员、赞助商、其他承认的体育组织、电视机构及大众媒体等在内的利益相关者共同构成了一个奥林匹克品牌化组织体系。在这个体系中，国际奥委会作为奥林匹克大家庭的设计者和管理者，是体系的核心部分。国际奥委会也是轻架构，由国际奥委会全体委员会议、国际奥委会执行委员会、国际奥委会总部、国际奥委会专门委员会组成。随着奥林匹克品牌全球化的发展，奥林匹克运动越来越需要专业管理者的参与，因此，国际奥委会除了利用合作伙伴的专业资源外，还不断组合全球范围内的优势资源。这也是为什么奥委会总部的工作人员只有 200 人左右，却有力量运作这项全球顶级赛事。它建立了以使命为导向，以"外部关系内部化，内部业务外包化，局部利益整体化，整体利益分享化"为运作特色的品牌化组织。

所谓品牌化组织，根据专家的定义是指以"使命"为导向，以"产品服务"为载体，以提供消费者体验为核心，共同参与塑造品牌形象，创造品牌，分享品牌利益的网络化、动态化、共享化的虚拟联盟。这个联盟包括品牌所有者、品牌经营者、品牌消费者、品牌投资者以及供应商、渠道商等其他合作者和认同者。品牌化的组织可以看作是一个伙伴式的联盟组织。

奥林匹克大家庭这一品牌化组织的成功是否仅仅为个案,品牌化组织是否能成为未来企业组织形态的主流?

管理大师德鲁克在描述未来型组织时讲道,未来的全球化组织并不会像以往那样单靠所有权来控制子公司,它所凭借的可能是策略——联盟、合资企业、少数股权、知识技术协议和合约会逐渐成为未来组织形成的基础,而这种组织的核心能力就是品牌虚拟组合能力。在未来的组织中,消费者、员工、供应商及投资者的区分也将变得模糊不清,消费者可能身兼员工,员工可能身兼投资者,同行竞争者可能身兼供应商。

无独有偶,在我考察可口可乐、耐克、阿迪达斯、家得宝等全球首屈一指的品牌公司总部后,也能体会到这些企业以品牌为核心,组织起供应链、生产销售链、服务链、资金链、信息链等,建立了具有鲜明特色的品牌化组织,并且规模庞大,运转高效,拥有强大的系统能力,众多的市场表现无一不证明这一点。

现在,品牌是企业的基本战略和管理常态的观念已经得到了广泛的认同。品牌战略决定组织的结构,无论是从理论研究还是企业实战方面,品牌化组织已经越来越显现出它可能是未来企业的最佳组织形式甚至基本组织形式。

回过头再看看恒源祥自身的发展,恒源祥的第五次转型,强调的就是品牌化组织的发展和品牌化组织经营品牌能力的提升。在恒源祥看来，品牌化组织所具有的系统能力在某种意义上比品牌本身更有价值。

构建品牌化组织对组织的设计者和管理者是一种挑战，没有独特的理念和行为是很难实现的。恒源祥品牌化组织被称为"恒源祥的战略联盟"。战略联盟共有三部分组成：第一部分，恒源祥集团本部和加盟工厂、加盟经销商、加盟零售商；第二部分，恒源祥集团本部和社会团体；第三部分，恒源祥集团本部和消费者。恒源祥与奥林匹克大家庭一样，品牌化组织设计的核心思想是以共同使命和利益分享为基础。

其中，第一部分的战略联盟关系已经被市场检验并已被整个恒源祥联合体认同，它的发展从最初的加盟体到今天的联合体，未来它还要向共同体发展，从利益共同体走向命运共同体。而战略联盟中的有关第二、第三部分的建设是恒源祥第五次转型工作的重点之一。其中，第二部分，即恒源祥集团本部与社会团体的联合，体现出"战略思考""全球眼光""共同演进"的特点。所谓"战略思考"是时间的概念，指的是不仅要考虑眼前 1 ~ 2 年开展的项目，更要考虑未来 10 年、20 年要做的工作；所谓"全球眼光"是空间的概念，指的是要以更好地融入全球化、信息化的趋势为标准，与全世界，与社会各界形成更为紧密的联系；所谓"共同演进"强调的是人的因素，指的是双方在结成战略联盟的基础上，相互促进，共谋成效。而第三部分，恒源祥与消费者的战略联盟关系就目前来看，是指品牌化的组织要更多地以满足消费者心理和精神的需求作为工作的起点和终点。

对于一个品牌化组织而言，品牌是组织生命的灵魂，是组织存在的意义，是联盟合作的基础。而组织对于品牌而言，组织聚合的能量是品牌赖以生存和发展的根基。

## Ⅲ 百年老店的生命力

老字号的优势在于"老"，因为它有着独特的品牌文化；衰落的根由也在于"老"，因为"老"而缺乏适应新市场环境的活力。老字号是一个需要开采的金矿，而不是随便享用的金山。只有在不断使用中，老字号才会不断增值；不断地"进攻"，才是老字号最好的"防御"。

很多人对恒源祥总能带来太多的"不可思议"感到不可思议。如果要用一个字概括恒源祥的成功法则，那就是"变"。回顾恒源祥的发展轨迹可知，老树发新枝的根本原因是恒源祥在第一时间打破了老字号抱残守缺的陈旧思想，从而及时把握住了消费需求的变化，给老字号注入了全新的品牌元素。事实上，在多个领域的不断创新求得与时俱进，是世界上百年老店共同坚守的生存法则。

不断取得成功的创新，正是全球消费品巨头驻颜的妙方。现在，没有人怀疑宝洁是创新能力最强的伟大公司之一。营销大师科特勒在《营销管理》中写道，生产观念、产品观念、推销观念、组合营销观念和社会营销观念，是企业在不同市场发展阶段选择合适观念指导市场活动的"核按钮"。也就是说，世界上伟大的公司都在正确的时间按下了正确的创新按钮。

同样因为创新能力的强大支撑，1865 年还只是芬兰一家生产纸和纸浆的木材加工厂 NOKIA（诺基亚公司），最终在 20 世纪 90 年代成为移动通讯领域的全球领导者。其实，世界上不能被复制的伟大公司，哪一家没有创新精神呢？诞生于 1802 年的杜邦公司，依靠技术和管理上的屡屡创新，从制造作坊发展成为世界上业务最多元的跨国科技企业之一；虽然很多人将可乐看作糖水，但具有 100 多年历史的可口可乐却总以新鲜而著称；在通用电气的发展历程中，创始人爱迪生的革新精神始终是它的优良传统；西门子公司创始人恩斯特·冯·西门子说过，西门子成功靠的是始终视将来为最重要。

现在中国的许多优秀企业，几乎都是在传统上认为中国人不太擅长的领域做起来的，而我们认为技术含量不高、应该能做得更好的领域，如饮用水、服装、饮料、牙膏等日用消费品，中国企业反而做得并不好。事与愿违的关键，在于前者的成功更多的是依赖产品的性能，而后者的产品区分度不明显，成功与否取决于品牌的影响力大小。

这个现象说白了，就是中国企业还不太懂得如何做产品背后的消费者认可的品牌。中国许多企业还停留在小农经济的思维方式上，用一种计谋的心态求得短期的、看起来很热闹的市场，但此后却没有在建立持续性的商业模式和同消费者互动的动态平衡体系上继续下功夫。因此，同消费者建立的联系，只是满足基本的功能需求，而没有进一步给消费者提供满足持续需求的附加值。

## Ⅳ 突破观念障碍，实现发展愿景

在企业发展过程中，经营者的观念对企业的影响无疑是巨大的，我们要突破观念障碍，用正确的观念来引领企业。

### ● 观念差异导致对同一样事物的看法和做法不一

一个不会外语的中国人到西欧旅游，看中了一个纪念品，他拿了一张欧元，比划着问售货员多少钱，售货员见状伸出了一个大拇指和一个食指，中国人认为八十太贵，伸出五个手指，示意五十可否，营业员执意不肯，仍然伸出一个大拇指和一个食指，中国人急了，掏了 50 欧元给了售货员，拿了东西就走。回到酒店后他得意地和同伴说："今天捡了个大便宜，法国人要卖 80，我还他 50，他不肯，我扔给他 50 就买回来了！"这个法国人回家后同样很高兴，他说："一个中国人想买一件东西，我要他 20，他不肯，硬给了我 50，哇，中国人现在多有钱啊！"

为什么会发生这样有趣的事情呢？对同样的手势，认识为什么会大相径庭呢？这是因为中西方文化习惯不同，一个大拇指和一个食指在西方代表数字"二"，而在中国，大家都知道它代表数字"八"。

文化习惯或者观念不同，小到影响生活，大到影响整个国家的发展。2009 年，我曾和美国副国务卿交流了为什么中国没有像美国一样成为世界第一。我说，中国和美国很多地方都很相像，例如在天时上，两国的面积大小、地理位置、地质形态等方面都很接近，在地利上，两国的资源条件也类似，在人和上，两国都是多民族的国家，但如此相似的两国，为什么发展状况相去甚远呢？我认为关键原因在文化。例如，在对待进入本国的异域文化，美国的观念和做法就体现出"容"的文化特点，美国不仅让其他的民族、语言、宗教存在下去，更容许、帮助它们在美国的土地上发扬光大，走向成功，而中国的观念和做法则体现出"融"的文化特点，异域文化很快会被汉文化所"交融""化解"，不复独立、完整地存在。所以，两国的发展也不同。美国副国务卿听后，表示认同。

对同一事物的认识不同，同样深刻地影响着恒源祥集团品牌事业过去、现在和未来的发展途径。我列举几个例子来说明。

第一，恒源祥对于企业发展科技的认识。大多数的企业认为科技主要是为了提升企业产品的质量和新品推出的速度，认为产品是赢得市场先机和消费者青睐的关键。恒源祥对科技的认识也是从产品的科技创新开始的，例如在 20 世纪 90 年代初，恒源祥通过科技提升产品，在行业中率先通过了纯羊毛标志、ISO 标准等认证，取得了一定的经济效益。但恒源祥不久就认识到：纺织行业是一个企业众多且高度同质化的行业，产品科技的创新既不能维持企业的持续领先，也不能成为企业的核心专长；相反，在对消费者需求变化的研究中，恒源祥充分认识到消费者选择产品的关键因素已经从满足自身功能需求向满足心理和价值需求转变。此时，产品单纯的科技含量、质量、款式等物质形态的诉求都变得不那么重要，重要的是品牌诉求，其中产品的科技含量、质量、款式等物质形态只有体现出品牌的个性、文化、精神才能真正获得消费者的垂青，以此获得价值最大化。我常常举一个例子：一个最新研发的车载冰箱分别放在奔驰、宝马、奥迪及国产汽车里，它所创造出的增加值是完全不同的。所以，科技创新一定要和优秀的品牌结合，且只有通过品牌的情感和精神层面推广和介绍才能创造出更高的价值，而且科技能转化成满足消费者非物质的需求，即精神和文化需求，也是科技的最高境界。此外，在企业科技的研发方法上，恒源祥也认为应该充分地寻找和组合全球最优质的科技成果为品牌所用，通过商业模式等设计，创造多赢的局面，为品牌和技术的所有者，以及最终为消费者都创造出最大的价值。

第二，恒源祥对产品和商标之间关系的认识。目前，大多数的企业从以产品为导向的产品战略慢慢向以产品为导向的品牌战略转移，但企业关注的核心依旧是产品，重点工作还是围绕着产品的科技、质量、颜色、款式等物质形态展开，对于品牌则认为是促进新品销售的"催化剂"。在恒源祥，做法恰恰不是把商标贴在产品上"卖"产品，而是将产品贴在商标上"卖"品牌。恒源祥认为：消费者的普遍心理是"喜新厌旧"，产品的科技含量、质量、颜色、款式等很容易被更新的潮流所取代，产品亦会随之遭到消费者的抛弃，贴在产品上的品牌也自然而然地随着产品被消费者淘汰。相反，如果把产品贴在品牌上，旧的产品被取代了，品牌还可以选择更新的产品，而品牌一旦在消费者心目树立起了形象和记忆，是很难被替代的。只要我们通过塑造品牌，让消费者感受到品牌是慈善的、有爱心的、绿色的、科技的、有社会责任感的等个性，我们就可以用消费者喜欢的新产品替代旧产品，或者从一个产业延展至另一个产业。恒源祥从绒线一条产品线发展到今天的多个产业，始终能获得消费者的喜爱，就足以证明这个观念的正确性。

第三，联合体内部是否存在资产关系。恒源祥是中国最早采用商标授权、特许经营模式的企业。很多领导或者同行都曾问过我，恒源祥公司与加盟生产和销售的企业之间有无资产关系？如果从通常意义上讲，可以认为二者之间没有关系，但其实是有特殊的资产关系，只是这种资产关系不是有形资产或者说是货币资产，而是无形的资产关系。对普通的工厂而言，如果丢失一个商标，损失的价值就只是制作这个商标的成本价，微不足道；但对恒源祥的加盟工厂而言，丢失一个商标损失的价值与商标本身的制作成本差数倍乃至数十倍，因为工厂知道，同样一件产品，钉上恒源祥商标的售价要比钉上普通商标高很多，其中的差距就是这枚小小的商标带来的。由此可见，恒源祥联合体内部是实实在在存在着资产的关系，虽然加盟商没有持有恒源祥集团品牌的股份，但是我们共同分享着品牌溢价带来的利益。所以，恒源祥集团的品牌资产是联合体共有的，我们有理由也有责任共同维护这些品牌资产。

## ● 观念摩擦造成的损耗是实现发展愿景的巨大障碍

欧盟曾就是否要向希腊债务危机伸出援手争执不下，欧盟中的两个重要国家——法国和德国意见相左。为什么会有如此大的分歧，我认为很重要的一个原因，是文化差异太大。德国人会干活不太会花钱，而希腊人不干活太会花钱，所以德国对无条件援救这样的国家难以接受，导致很长一段时间内这个问题都悬而不决。最后，虽然达成了共识进行援救，但条件是希腊必须在缩减开支、精简人员和完善税制等方面进行改革。试想，如果国家间的文化是接近的，事情进展得也许就会更快、更高效。

因为观念摩擦造成的损耗在恒源祥联合体的发展过程中，也不少见。

品牌属于谁？绝大多数的联合体成员都能回答：品牌属于消费者。

品牌给予消费者记忆的多少、深浅直接影响着品牌的价值。但在实际的运作中，多数的联合体成员认为品牌是属于恒源祥集团公司的，而不是整个联合体用来满足消费者需求的资源。这种认识导致了大量品牌资源的浪费。恒源祥从建立品牌开始，始终致力于打造品牌的历史、个性和文化，如赞助奥运会、发起"恒爱"行动、成立香山画院等，这些都能体现企业经济、产业和产品文化品格，能帮助我们进入更高的发展阶段，体现了恒源祥拥有可持续发展和持续创造财富的能力。但这些为同行所羡慕的资源并没有充分通过联合体产、销体系表现给消费者，甚至可以说存在着极大的浪费。从小的方面来讲，集团每月推出的《创导》杂志、"周五频道"的新闻、年度的"恒源祥十大新闻"，在联合体内成员中的关注度、知晓度还很低，更不要说使用这些资源了。

在组织建设方面，2004年恒源祥成立了联合体这一品牌化组织，颁布了《联合体共同纲领》。恒源祥联合体中品牌、工厂和销售商应该三位一体，综合交叉，既联且合，但现实中存在着诸多的不和谐现象，导致联合体6万名成员的力量还远远没有被发挥出来。恒源祥联合体要向奥委会这一品牌化组织进行学习，联合体的成员也应该找到自己的位置，一旦找到了位置，就能明白自己应该干什么，哪些已经干了，哪些还没干，哪些还没干好。

在产业方面，到目前为止，恒源祥还是在与羊和羊毛有关联的产业中进行拓展，并且取得了相当的成绩。在成绩面前，很多人沾沾自喜，骄傲自满，但在恒源祥"追求第一"的原则下，恒源祥联合体各方面仍需不断提升。市场没有给"第二"留下机会，我们要找到目标，成为第一，即使现在还不能成为第一，也要处在成为第一的过程或者状态中。在产业发展的过程中，很多人感觉遭遇了"瓶颈"，难以突破，其实解决问题的关键还在于突破观念的障碍。前不久，我拜访了国际毛纺织组织（IWTO）总部，他们介绍了全球羊毛产业，涉及的领域其实比我们想象中要广得多，恒源祥目前从事的产业只是其中的一部分，还有很多新领域等待我们去开发。

● **形成正确观念，提高经营能力，实现发展愿景**

观念的作用和影响是巨大的，所以我们要学会要用正确的观念来暗示自己、影响自己、教育自己、引领自己。我认为，即使是潜意识中的暗示，作用也十分显著。以我个人为例：我叫刘瑞旗，"旗"是旗帜的意思，所以不管在读书的时候，还是走上工作岗位、领导岗位，我一直暗示自己：要成为一面旗帜，而且我就是旗帜。在这种暗示下，我从一名普通的职员成为被大家认可的人，名字的暗示和影响起了关键的作用。

除了姓名，影响我们一生的观念还来自很多方面，比如环境。我们常说一方水土养育一方人，恒源祥联合体是我们事业的大舞台，在这个大环境中，我们应该借助哪些方法形成一致的、正确的观念呢？

首先，组织和个人要尽早确立使命、精神和价值观。恒源祥集团在 2009 年确立了集团的使命、精神和价值观，它的意义在于，在文化、观念差异性很大的联合体内部，我们能在个人、组织发展出现困惑的时候，知道自己是谁、要向哪里去、如何去，并在我们的日常工作生活中，不断地暗示自己朝这个方向努力。只要我们天天这样做，就一定会成为一个优秀的人、一个优秀的组织。

其次，组织和个人要"读万卷书，行万里路"，也就是多学习，多出去走走。我曾举例说明学习、了解最新信息的重要性：科研工作不是某个部门、某些人的事，而是全员的事情，我们每个人都要关注科技、学习科技、表现科技，因为很多科技、很多发展，都有彻底改变企业和个人命运的可能。此外，我们还要多出去走走，虽然我们可能会遭遇水土不服，出现不适的症状，但还是需要通过拓展视野来提升思维的长度、宽度、深度和广度。其实，人的思想也有"水土不服"的现象，当我们习惯的观念遭受碰撞或者挑战时，开始也可能感觉不舒服，这是正常的，但如果全新的观念正是我们需要接受的，那我们就要接受这种不适应，并逐步习惯，时刻接受正确观念的引导，我们心理上不适的反应也会消失，相反也许还会享受这份改变。

观念的最终作用是为了指导实践，恒源祥联合体的成员转变观念的最终目的是要提升经营品牌的能力，实现可持续发展的愿景。如果我们没有经营品牌的能力，即使有一亿、十亿乃至百亿的财富都会从自己身边转移给有经营能力的人。"万丈高楼平地起"，提升经营品牌的能力要从形成正确的观念开始，也要从改变今天的行为开始。也许每个人的岗位各有不同，但都是品牌的一部分，在各自的岗位上都是品牌的代言人，都需要竭尽全力地去塑造品牌，持续辉煌的百年、千年。

# V "木桶理论"新解

在管理学里有一个著名的"木桶理论"，又称短板理论，其核心内容为：一只木桶盛水的多少，并不取决于桶壁上最高的那块木板，而恰恰取决于桶壁上最短的那块。这个理论告诉我们：要想提高木桶的整体效应，不是增加最长的那块木板的长度，而是要下功夫补齐最短的那块木板的长度。

这个理论一直受到大家的关注和热议，也有很多"木桶理论"的新解，包括木桶盛水的多少还要取决于木板间的结合是否紧密，以及这个木桶是否有坚实的底板等等，用各种各样的比喻强调管理中某一方面的重要性。

2006 年，我国著名经济学家、北大光华管理学院院长张维迎教授一行来访恒源祥。我向专家们介绍了恒源祥品牌运营的模式及取得的发展，张教授听后说：恒源祥在品牌经营上十分成功，但我也有顾虑，恒源祥可能过分陶醉于此，不断强化最擅长的方面，而忽视相对不擅长的方面。管理学里有一个"木桶理论"，假如一个企业有十个部门，一个部门赚钱，另外九个部门亏损，但因为企业总体在赚钱，所以企业的老总很高兴。但如果他仔细分析一下，改进九个部门管理的 1%，那他的利润可能在原来的基础上再增加 10%。张教授向我提问：假如用"木桶理论"分析恒源祥的话，自身的短板究竟在哪里？谁在限制企业最大价值的发挥？

张教授提出的这个问题，我并不陌生，在过去，还有此后很长的一段时间里，我都被很多领导、专家、学者、同行不断问过同样的问题。问得比较多的包括在恒源祥模式中如何控制产品质量，如何设计研发新产品，等等。

也许在他们眼中，这些是轻资产架构的公司和采用品牌运作模式的公司与生俱来的"短板"，而且这些"短板"比较难以解决，影响发展。

我当年是这样回答张教授的：假如恒源祥有十块木板，在我看来，只有一块长板，那就是品牌，其他全是短板。中国很多企业只有一块短板，那就是品牌的管理。恒源祥的发展战略是否要把自身的九块短板都拉上去呢？我认为这个成本太高、效率太低，所以恒源祥制定的战略非常明确，我们要去寻找另外九块跟我们一样长的长板组装成一个新的木桶而不是将九块自身的短板全部拉起来。

很多企业花了大力气去提高企业短板，高投入却往往不能高产出，原因就在于这些企业陷入了一种惯性思维——忙着去处理当下的问题和矛盾，而忘了最应该花气力的地方——思考如何获得真正的发展。

2000年前后，恒源祥推出了《恒源祥二十一世纪战略蓝图》，蓝图的精髓概括起来就是"价值转移""核心专长""共同演进"。这12字是恒源祥对于"木桶理论"的新解答——市场发生了重大变革，企业要获得真正的发展，最需要做的工作是凸显核心专长，与社会资源协作以谋求共同的发展。在2004年年底举行的恒源祥战略研讨会中，我分析了汽车行业和IT行业的发展现状和趋势，从中我们清楚地看到这些企业从原来大而全的全产业发展道路逐渐走向了核心专长化的发展道路。

这是市场的大势所趋，不可逆转，所以恒源祥选择做的工作是用恒源祥最长的板——品牌辅助缺少这块长板的企业。这种模式的有效性和巨大价值（包括经济效益和社会效益）在恒源祥联合体的发展进程中得到了充分的证实——市场对此有巨大的需求。在发展的过程中，我们愈发清晰地感到有时心有余而力不逮，品牌价值的实现与品牌的知名度不符，存在较大的落差。

　　所以在 2005 年前后，我提出恒源祥最大的危机是品牌这一长板还不够长。进一步分析得出结论：品牌背后经营品牌的能力才是我们最大的危机。正是这一能力的制约，让我们难以吸引、组合社会上其他更长的长板组成一个更新、更大的木桶。

　　所以这些年恒源祥在坚持做"让长板更长"的工作——集中优势资源，在企业最擅长的品牌领域中寻求新的突破，具体的工作包括提高自身经营品牌的能力，在全球寻找更多的长板，建设经营品牌的新平台。这两项工作是息息相关的：只有自己的长板长了，才有可能吸引全球的长板和恒源祥组合；也只有吸引了全球范围内的长板，恒源祥经营品牌的能力才能有长足的进步。

　　在推动这些工作的过程中，我们受到的最大挑战主要来自文化习惯，一是是否具有协同性，恒源祥这一组织应该打破"刚性"结构，成为一个"无边界"的"柔性"组织，每一块短板都可以尽快通过与社会互动，得到弥补。二是我们思维的时间性、空间性和个性是否已经足够有统领性，是否能为利益相关方，特别是消费者创造新的价值。三是行动力。

　　恒源祥的理念和实践是有价值的，恒源祥做品牌的经验和过程有利于中国企业乃至对世界企业。这不仅是恒源祥社会责任的重要组成部分，也是恒源祥能够保持基业常青的根基。我们做品牌的所有认识永远公开。只有让别人知道你有什么长板，和大家一起携手共进的时候，才能让自己的企业获得有效、持久的发展。

CHAPTER 9

品牌的危机

比尔·盖茨说：微软离破产永远只有十八个月。这其中蕴含着一个企业经营最基本的道理：如果你不想面临危机，那么就必须时刻具有危机意识。

## Ⅰ　企业与危机意识

据说有人做了一个实验，将一只青蛙扔进煮沸的开水里，青蛙会马上弹跳出来逃生；然而当将一只青蛙放在清水里，慢慢加热，青蛙起初会在逐渐升温的水里舒服地游来游去，当青蛙最终受不了想跳出时，为时已晚，最后被活活地煮死在开水里。

这个故事告诉我们一个道理：一个人或者一家企业像青蛙一样遭遇一场危机（沸水）并不是最可怕的，机体的应急反应或许可以令其幸免于难；最可怕的是企业在顺境中没有危机意识，这才是最致命的危机。

日本有两家公司被称为日本的"左右脸"，一家是索尼，另一家是松下。据说在松下电工有这样一个场景：不论是办公室，还是会议室，或是通道的墙上，随处都能看到一幅张贴画，画上是一条即将撞上冰山的巨轮，下面写着："能挽救这条船的，唯有你。"

这幅画、这个场景值得我们深思。

首先，日本在二战之后迅速崛起成为世界第二的经济强国，依照常规的思路来看，从各方面几乎找不出日本能成为第二的理由，但不可否认日本崛起的一个重要原因是日本有强烈的危机意识，正是担心国家溃败和国力衰败这种强烈的危机感促使这个小国走向振兴。松下公司展现的细节可以让人领略到无时无刻的危机意识。危机意识越强烈，消除危机的欲念也就越强烈。相反，没有危机意识也就没有动力，没有动力也就没有行动，没有行动企业也就没有未来。

其次，松下的危机意识是强烈和持续的。松下把企业比做一条船，而且是冰海里的一条船，甚至是一条即将撞上冰山的巨轮，这是一种强烈的危机感。这种企业的危机文化让松下永远保持清醒、坚持创新，不敢松懈，越做越大。

再次，危机意识应该落实到企业的每一个员工身上。"能挽救这条船的，唯有你。"这句口号的意思是，危机意识不应该只属于高管或者一个组织，而应该属于企业的每一个人，只有每个人都拥有了危机意识，才能上下统一，奋发进取。

我曾经说过：企业最后的结果是死亡，从哲学上、从任何自然规律上来说，企业的死亡是不可避免的。我们同样需要坚定，企业需要比拼的是谁存活的时间更长。如果我们能够清醒地认识到我们存在的问题，我们就能推迟这个时刻的到来。很多企业家说：不做500强企业，要做500年企业，体现的就是这样的追求。

那危机意识从哪里来？

有人说危机意识来自外部。全球化的市场范围、激烈的市场争夺让我们不得不直面自己离一流的世界品牌、一流的工厂、一流的售点还有很大的差距这一事实，而且认识越是深入，这种危机感就越强。这好比一个企业现在的阅历经验、成就是一个圆，面积越大的圆，与外界的接触也越大，也就越发知道外界的广博无垠，危机意识也就越强烈。正所谓，越优秀越谦虚。相反，井底之蛙往往不知天高地厚，自我感觉良好。

而我更欣赏来自内在的危机意识。一个人如果是为了领导的要求、为了市场的压力而去做事，所做的毕竟有限，一个人更应该为实现自身的价值去努力，这才是真正有意义的事。自我的价值首先体现在为自己定下的使命、信念上。因为当下的状态和目标之间尚有巨大的差距而产生的危机感（包括紧迫感、责任感、使命感），是拥有不为外界环境所影响的自觉力量。这种力量促使一个人不仅能积极地应对外部的挑战，而且还能不断超越自我、追求卓越。一个优秀的人是这样，一个优秀的企业也不例外。

通过内外部的比较，我们分析了为什么"恒源祥最大的危机是品牌"——对外不具备品牌国际化经营的能力，对内品牌离让消费者心满意足还有很大的距离。为了缩小其中的差距，我们只有一条路可以走——心系一处，齐心协力，坚持不懈。然而，仅仅停留在这层认识是远远不够的，应该是联合体所有的成员能形成切实的领悟和共识。"品牌是恒源祥最大的危机"，这层危机的危险程度在某种意义上取决于两点：一是联合体成员价值观和使命一致性的程度。一致性的程度越高，危险的程度就越小；反之，危险的程度就越高。二是每一个联合体成员危机意识所处的状态。不仅是有无意识到危机，还要看保持的状态。我们不仅要当"觉悟者"，还要保持"觉悟着"的状态。

华为的任正非在著名的《华为的冬天》一文中说："没有预见，没有预防，就会冻死。那时，谁有棉衣，谁就活下来了。"企业成员都应该有所觉悟：在越来越残酷的市场环境中，谁作充分的准备，包括锻炼筋骨，包括准备"棉衣"，谁就能活得比别人长，因为只有活着才能获得增值，毕竟所有的增值都必须在持续循环中产生。

圣贤说：生于忧患，死于安乐！危机意识之于企业和个人是生死存亡的大事情。在这瞬息万变的社会中，唯有"觉悟者"才能生存。

## Ⅱ　危机与转型

鲁迅先生曾经说过："不在沉默中爆发，就在沉默中灭亡。"在危机面前，不思变革和进取也就意味着终将被淘汰。

## ● 危机不是"狼来了"

你是不是能通过 3 到 5 个电话找到世界上的任何一个人?

你知不知道中国到 2035 年人均 GDP 是多少美元?

你算没算过自己现在每投入一块钱能有多少产出?

如果你不能回答这些问题,甚至连问题都没法理解,请注意,这意味着你正在被迅猛发展的市场抛下!

对国内的企业而言,市场的残酷不以人的意愿为转移,以下几点值得我们更多地重视和考量。

全球化——在"家门口"也要应对全球化。中国市场已经被越来越多的跨国企业视作为海外市场的必争之地,中国企业面对更强大的对手,在短兵相接的情况下,如何能生存发展?如果在家门口失守,何谈走向世界市场?

信息化——信息化正在颠覆传统的生产、销售模式和消费方式。对生产而言,信息化导致的最深刻的影响是资源的对称和趋同。以前说的"一招鲜,吃遍天"的好事将不复存在,包括最新的科技成果在内的资源都可以通过信息化的通道迅捷地流向全世界。对销售而言,信息化导致的最深刻的影响是消费者接受信息的方式、购买的方式和过去大相径庭,传统的店铺销售需侧重提供互联网所不能提供的难忘的品牌消费体验。

品牌化——维护品牌的成本将越来越高,满足消费者的需求将越来越难。随着国际化的进程和中国经济的腾飞,中国的城市化进程正在提速,这部分的消费者对品牌的需求将可能呈现井喷之势,中国真正的品牌消费时代将以迅雷不及掩耳之势席卷而来。这对品牌企业而言是重要的机遇期，目前很多企业已经意识到品牌的价值和重要性，国内外的品牌企业也使品牌化生存迅速变成"红海"，品牌导入、维护和提升的成本水涨船高。此外，愈发成熟的消费者为满足自身情感和精神的需求提出更多更高的要求，如何才能更好地满足消费者这部分的需求对习惯制造的企业是巨大的挑战。

"沧海横流，方显出，英雄本色。"危机既是危险，又是机会。在严酷的市场条件下，一些不具备品牌或者品牌影响力小的企业将被淘汰出局。市场里、行业中的品牌已经变得越来越集中，表现优异的一线品牌终将获得更大的市场份额。

## ● 转型的核心是能力

支撑恒源祥"不可为而为之"战略取向的不是主观臆断，不是刻意求异，而是恒源祥的远见卓识。恒源祥在 2005 年年初提出要进行第五次转型，目的就是主动应对危机，从适应危机到危机为我所用，即提出"从策略向战略"的转型。

经过转型，恒源祥已经取得了一定的成绩，但我们不能沾沾自喜，因为要在危机中成就百年、千年品牌，我们转型的速度还算不上快。为此，恒源祥站在 95 年发展的历史阶段再次深化变革、寻求突破。

明确的量化指标——恒源祥在 2008—2010 年间，实现品牌增加值（BVA）50% 的增长，2011—2015 年、2016—2020 年，BVA 实现每五年翻一番、十年翻两番的目标。有的人认为发展到后来基数越大，就越难实现目标，这虽然有一定道理，但恒源祥的品牌影响力和所实现的市场盈利之间差距还很大，决定着目前 BVA 的基数还不大，不能人为地画地为牢，设置障碍。

明确的职能定位——恒源祥在第五次转型之初已经明确了恒源祥集团是一家拥有市场零售品牌的战略、咨询、管理、顾问公司。为了更好地深化转型，在此定位的基础上，恒源祥集团还将着重体现"研发"的职能，而"研发"的重点不在新产品开发等物质状态的研发，而是包括品牌、商业模式、授权模式等在内的非物质状态的研发，第一个项目——"品牌的综合交叉五感研究"已投入 1 亿人民币，研发的成果为恒源祥整条价值链所用，并以此创造更多的价值，充分体现集团"基础是研发，主题是服务"的两大职能。

更明确的奋斗目标——未来恒源祥要成为这样的企业：从经营一个品牌的集团转变成一个经营品牌集群的集团；恒源祥的能力要从单纯地把恒源祥的产业放大转变为将经营恒源祥品牌的能力放大。通过能力不断复制品牌，2020 恒源祥集团已达多个品牌的规模运行。

无论是新的指标、职能定位或奋斗目标，转型的深刻动因是为了能让恒源祥在危机中持久、安全、稳定地发展，这是关系到联合体所有成员切身利益的大事，所以也是每一个成员的责任。

# Ⅲ　品牌需要更多法律保护

尽管我国的《担保法》明确规定，商标专用权、专利权等权利可以质押，但这一法律并没有给那些拥有品牌资产的企业以保障。现实的情况是，几个亿身价的中国品牌在银行质押贷款遭到冷遇，变得一文不名。品牌不能抵押贷款，不仅是中国企业的悲哀，也是中国金融业的损失。可以说，在现今的中国，品牌资产融资还处于冬眠的状态。

## ● 如果可口可乐在中国，还会永远可乐吗

说到品牌值钱，很多人都知道这样一个经典故事：可口可乐公司的总裁伍德拉夫曾自豪地对世界宣布，即使可口可乐公司在一夜之间化为灰烬，凭着可口可乐的品牌资产，可口可乐会在很短的时间内重建可乐帝国。

这不是一个神话，凭着可口可乐的品牌价值，争先恐后给可口可乐贷款的银行有的是。在市场经济发达的欧美国家，一些大公司拥有强大的品牌资产，银行将其列为提供贷款的条件，好的品牌很容易获得贷款合同，银行的贷款实质上是把贷款建立在品牌资产价值基础上，而不是资本结构上。

但是假如可口可乐是中国的品牌，也许一把火烧光了就不会有东山再起的幸运，尽管它拥有强大的品牌资产，但是在中国的银行，它照样会一分钱贷款拿不到。现实的中国国情是，在国有银行，品

牌很难凭借无形资产的魅力打动银行。这说明，我们品牌资产的间接融资功能还没有，现有的金融体制的缺陷与中国品牌本身的脆弱及其发展的不稳定性，还难以使银行对其有足够的信心，我们品牌意识的落后制约了品牌资产融资功能的发挥。

## ● 发展无形资产迫在眉睫

品牌融资在银行的尴尬其实质是无形资产在中国还未受到应有的重视。加入 WTO 以后，大家都在谈中国将成为世界制造中心，20 世纪 60 年代发展起来的韩国、日本也曾成为世界的制造中心，现在世界的制造中心已往中国转移，大家为此沾沾自喜，认为制造中心将会为中国解决大量的就业。但是，中国之所以会成为制造中心，是因为中国的劳动力成本低，当中国劳动力成本变高，失去了原有的价格低廉的优势，那么是不是制造中心就往外移了呢？而到了那个时候，中国还没有确立经营中心的地位，我们靠什么在世界参与竞争呢？而经营其实更多是靠无形资产进行的，比如微软、戴尔并没有很大的固定资产，但在品牌的集聚下，一大批有创造能力的企业为它们打工，它们在经营中获取巨大的利润，无形资产的滚动是呈几何级数增长的。

纵观全球的著名品牌，像可口可乐、麦当劳这些企业，并不是支柱产业，但为什么能成为全球最好的品牌呢？它们需要大量的资金导入，仅广告成本就是惊人的。这就迫使我们认清一个问题，无形资产是有资金门槛的，一个品牌在美国的导入成本，需要 7500 万美元，如果没有这样的实力，那么中国品牌是无法打入美国市场的。日本在 20 世纪 80 年代曾大量收购美国资产，但是现在几乎全军覆没，原因就在于此。实现超常规发展需要很多钱，没有钱就进不了对方的市场。外企有一个共同特色，它们在第三产业运行中以品牌授权、品牌特许等方式进入中国市场。国外的大品牌进来了，我们还能生存吗？

● 迫不及待的融资和必须解决的问题

与品牌资产的融资难现象相对应的是金融市场和资本市场对无形资产的冷漠态度。与此对照鲜明的是，融资呼声却越来越高，近年来对此趋之若鹜的当属中小企业。

走入中小企业各种论坛中，满耳听闻的就是融资！融资！融资！其直接和急迫令人揪心。融资难，已成为中小企业再发展的一大阻隔，而融资对小型科技企业的发展至关重要。小型科技企业的特色一般是，仅有科技成果，但缺乏一定固定资产，想要凭手中的专利技术等无形资产去贷款几乎是妄想。大家在谈到抵押时认为"政策是好看的，但不是好用的"。

在银行不能找到"知音"，那么寻找资本合作伙伴似乎还有一线生机，一些地方为鼓励创新，将科技成果入股比例调整至最高可超过 35%。但是待真正行动起来后，才让人发觉这和攀登青藏高原相似，想要大口顺畅地呼吸，却发现周围环境中氧气如此稀薄，能够作残喘状就不错了。一方面持有资金的企业家对科技成果理解得甚少，双方沟通起来非常困难；另一方面无形资产到底值多少钱让资本家心里没底，因为双方无法妥协，最后资本和无形资产不得不各走各的路。目前，国家虽然在法律上规定无形资产在公司申请注册时可按20%作价，某些特定行业中达到了35%，但在具体的运行中根本无法达到这个数目，甚至差得比较远，可以说法律领先，但制度是落后的。

无形资产值钱吗、值多少钱，是银行和资本家都无法回答的问题。多年以来银行一直为不良贷款苦恼着，为看不着身形的品牌等无形资产费思量。因此一味地责怪银行被不良贷款吓破了胆，漠视无形资产似乎也有点过分。有银行界人士称，目前银行很难接受用无形资产抵押的借贷方式，关键是商标的变现问题，中国还没有形成无形资产的交易市场，这样就造成了品牌有价无市的怪现象。另外，商标评估方面的权威性也有待认同。品牌资产评估有谱没谱？这一直是业内人士争论不休的疑问。比起有形资产，品牌这种无形资产的价值评估更为复杂。十几页、几十页的无形资产评估报告，支撑的是数亿元之巨，那薄薄几页纸的分量，让人轻易不敢做出决定。

在一次品牌转让过程中惊爆新闻，曾经权威机构评估的某一电子品牌原价值为26亿元，在那场交易中的评估值仅为8亿多，媒体称这体现了此次交易的"公允性"，但评估弹性之大却令投资者瞠目。当时即有专家说，评估的计价基础是市场价值，而审计的计价基础是历史成本，因此评估过程对评估师职业水准要求更高。而且由于受托目的不同，评估报告的质量会有差异，毕竟一般性的咨询报告与投资或交易所必备的法律文件是不同的。但这却使公众对整个的品牌评估价值体系产生怀疑。让人不得不心生这样的感叹：平日的咨询报告所评估的品牌价值只是喊出来给人看的，真的要拿出来称一称斤两时却完全是两码事。

完善评估体系使其更具权威性是我们必须解决的问题，否则，品牌资产永远敲不开银行的大门。像可口可乐等品牌价值评估需具备七大要素，包括品牌的领导力、品牌的稳定性、品牌的发展趋势、品牌的市场环境、品牌的支持情况、品牌的国际化、品牌的保护等。相比之下，我们的很多品牌评估却是用未来收益折算出品牌的价值，不仅显得随意，而且使品牌资产无法体现出真正的价值。况且谁来制约评估机构？如果评估机构没有法律责任，谁又能保证评估不会造假？

此外，中国品牌本身也需解决不稳定性问题。商标专用权属于一个变量，企业业绩，经营方针和经营者素质都会改变品牌的价值，所以知名品牌不能搞"终身制"。

### ● 无形资产抵押：请给中国企业一次机会

现在，我们的银行每年在制定工作目标时，都将降低不良资产作为工作的一大目标。据悉，现在央行提出每年要降几个百分点。然而对银行来说最省力的办法就是减少贷款，虽然品牌的资产抵押安全性还有待进一步努力，银行防范金融风险是应该的，但做任何事都不能因噎废食。名牌企业的信誉与名牌商标、商号等宝贵的无形资产是企业过去的优良经营形成的财富，用无形资产抵押贷款等筹资方式就是让企业用好昨天的钱。中国企业也有优良的无形资产，我们也有企业用无形资产向世界银行贷款获得成功的案例。既然我们明白作废了无形资产的融资功能对中国金融业没有半点好处，那么在现实的国情下，在企业对资金急吼吼、银行却货币积压的情况下，中国金融业也该给中国企业一次机会，与有关部门协同解决无形资产变现的问题，从而实现银企合作，达到双赢的目的。

尽管无形资产抵押在中国依然是冰雪一片，但我们也已嗅到了春天的一丝气息。就在无形资产抵押贷款成为深圳各家银行的"盲区"的同时，专门为企业向银行贷款提供担保的深圳市中小企业信用担保中心却成功办理了两例此类贷款。获得贷款的两家企业都是高新技术企业，办理的都是专利权抵押贷款，其中一家企业获得了150万元的银行贷款。担保中心在其中扮演了重要的角色，企业将其专利权抵押给担保中心，再由担保中心出面作为担保方由企业向银行申请贷款。银行也渐趋大胆，温州庄吉集团向温州建行用其品牌抵押获得4000万贷款，成为中国首例以品牌抵押获得的贷款。这表明，正在逐步金融化的社会已经使公众越来越承认无形资产的价值，就连最高人民法院也在最近表示对被执行人已无有形财产可供执行，而其尚有较好声誉的产品品牌或专有技术等无形资产的，可转让其无形资产清偿债务。可见，无形资产正变得越来越值钱，虽然现在品牌资产融资依然是个难以实现的梦想，但这并不能阻碍身在冬天的我们，急切地期待春天的来临。

# IV 大浪淘沙，中国品牌如何应对

2008 年初，一场百年不遇的大雪似乎预示了这一年是不寻常的一年：股市暴跌，金融风暴席卷全球，波及中国实体经济。很多企业现金为王的思维占了上风，投资不搞了，项目暂缓了，最明显的是企业做品牌的费用也被砍掉了。中国品牌真的是要"缓出行"吗？

华尔街一夜间"血流成河"，国外企业发展速度放缓，规模缩减，开始裁人、降薪，或者是不再进新人。与此同时，金融危机凸显中国的实力和优势，全球经济进入洗牌阶段。如果没有这场金融危机，中国要成为世界强国还需要更长的路要走，我们在全球经济中的话语权还无法提前到来。

在这场全球经济危机到来之际，最富有生机活力的中国企业是如何表现的呢？就中国实体经济而言，一个显而易见的现象是，北京奥运会之后，企业在品牌建设投入的费用比去年同期大大减少。这一现象说明在遭遇危机时，投入品牌的费用可以最先省下来。

这场金融危机，对于中国企业来说，其实是一次历史性的打造品牌的机遇，中国企业如果今天不改变自己，明天存在的可能性就会被改变。

这场金融危机必将引发新的一轮洗牌，很多不规范和缺乏竞争力的小企业会在这轮风暴中被无情地淘汰，剩下有一定规模、有竞争优势的优质企业，这将减少恶性竞争，行业发展将更加健康有序。

对于以贴牌加工为主的企业来说，这也是一次自主创新打造自身品牌的有利时机。坚持打造品牌或者增加品牌投入取得的效果将会比以往更加显著。

今天令世人瞩目的韩国三星，当年也是代工出身，当日、韩等国在制造业资本大举外迁时，其成功崛起成为全球品牌。20 世纪末，三星一改"仿造"定位，重金建立强大的研发团队，连续数年成为世界上获奖最多的公司；从 1988 年汉城奥运会开始，三星加大品牌形象的投入，品牌营销每年投入达数亿美元。最终，三星的品牌价值在 2006 年超过索尼达 168 亿美元。同期，韩国现代也在崛起。正是因为有了三星、现代这样一批"黄金品牌"，韩国经济结构也为之一变。

现在，中国迎来了这样的"品牌机遇期"。从时间上看，我国外向型经济发展已有多年，进入了日、韩等国曾经出现过的"品牌机遇期"，一大批企业在"中国制造"为别人代工过程中积累了自身的经验和实力；从动力上看，随着需求下压、成本抬升以及竞争加剧，贴牌加工企业创建自主品牌的需求越来越迫切。

可以预见，随着成本上升，制造业资本的再次转移在所难免，而品牌的优化和提升是企业制胜的关键。

®

---

◎ 　过往的成功经验往往会蒙蔽我们的双眼，在不断变化的新时代，墨守成规必将被时代所淘汰。品牌也是一样，创新永不过时。

---

# 建设品牌文化

CHAPTER 10

# 品牌需要创新

# I 老化是品牌的宿敌

提起很多中华老字号，几乎人人知道。糟糕的是，却没有多少人在买东西的时候会想起它们。或者说，虽然能想得起来，却没有购买的欲望。正是这种高知名度和低认知度的情况，让 2000 多家中华老字号所剩无几了。

2006 年商务部发起了"拯救运动"，即在全国实施"振兴老字号工程"。工程包括在全面收集整理老字号资料的基础上，用 3 年时间重新认定 1000 家"中华老字号"。商务部的"拯救运动"，可谓用心良苦。

恒源祥已经满 95 岁了，但从企业运作的各方面观察，看不出哪里有耄耋老人的迹象。恰恰相反，恒源祥这几年越发朝气蓬勃，与很多年轻企业的老态龙钟比起来，正好应了一句广告语：30 岁的人，60 岁的心脏；60 岁的人，30 岁的活力。

老字号企业大都历经了家族所有——公私合营——国家所有等多种体制的改革，比其他年轻的企业见多识广，应该更能自如地应对激烈市场竞争。然而人才缺乏、创新不足、缺少知识产权保护意识、市场开拓能力较弱等困境，却不是老字号企业独有。中华老字号的整体衰败，主要原因不是机器老化得发动不起来了，而是没有把自己锤炼得人老心不老。

如果老企业老牌子就该被社会潮流淘汰，那就无法解释为什么会有那么多企业家宣称要把自己的企业做成百年老店了。其实，当今叱咤全球的世界 500 强企业，相当一部分是百年老店型企业。由此可见，老企业老牌子更能让消费者掏钱包。

老牌子要老当益壮，关键是企业管理者要有一颗年轻的心。只有掌门人始终保持朝气蓬勃的心态，才能让老企业摆脱路径依赖。如果沿袭过去的模式不能自拔，那只能听任病变日复一日地消磨掉品牌的光辉，就像机器一样慢慢生锈，直至完全开不动为止。

恒源祥最早做的是绒线行业，被很多人认为是没什么前景的夕阳产业。恒源祥把夕阳产业做得比朝阳产业还要好的原因有很多，其中之一就是力避品牌老化。自从 1999 年 2 月被国家工商总局认定为"中国驰名商标"后，恒源祥在人民心目中的口碑一下子树立起来。正是因为恒源祥的口碑好，才会吸引几十家企业参与竞拍其第一亿斤毛线；正是因为恒源祥的口碑好，以 89 万元天价竞拍的成功者才喊出了就是冲着"恒源祥"三个字去的。相反，那些像鸵鸟一样拼命把脑袋往地下扎的老字号，几乎无不在错误的道路上越走越远。

从上海的南京路上一家濒临倒闭的绒线商店发展成如今的超大型企业集团，这是恒源祥对管理理念、经营模式和运作机制进行多种创新的结果。老字号企业只有真正领会了奥运会"更快、更高、更强，更团结"口号的内涵，才能永远规避品牌老化这个夙敌，才能通过改革创新发展成为享誉国内外的著名品牌；否则，只能以文字、录音、录像、数字化多媒体等方式保存在老字号档案中。

## Ⅱ 以产品为导向是行不通的

很多企业都明白了做品牌的重要性，但是我们调查后得知，纵观中国，现在以为是做品牌的企业，其实是在做产品。品牌的发展一定要依靠产品，但以产品为导向，一定是没有出路的。因为产品很容易在市场中消失。

我们看到的产品因为红极一时而被称之为品牌，这个产品就等于是它的品牌，这样的做法是极度危险的，因为一个产品的生命周期是很短的。拿服装来说，很多保暖内衣的品牌在市场上流行了一两年就没有了，那些被称为"品牌"内衣的产品来得快去得也快。厂家推出一个产品，砸了大量的广告费，有幸有了一定知名度后就被称之为"品牌"，但当这个产品不再流行，这个"品牌"也就消亡了。

很多人之所以容易把有一定知名度的产品误会是品牌，这与我们的很多企业出身于制造业有很大的关系。我们一直还是洋洋自得于中国是一个制造大国，很多企业也这么认为，我们有层出不穷推出新产品的能力，我们的产品物美价廉，这是我们的核心竞争力。

这真是我们的核心竞争力吗？中国制造这种核心竞争能力在世界上能够维持多久呢？

一项技术的发明和一个新产品的诞生不能支持一个产业的永恒发展，但一个品牌的支撑是永续的。当我们为这个社会或一个产业投入资金做它的无形资产经营时，即使一个产品消亡，它的品牌也不会消亡，这个品牌是由无数的新技术、无数的新产品为支撑的，只有我们把这个品牌经营好，以品牌为导向的企业产品才会真正地层出不穷，才会真正地具有后续的发展动力。

## Ⅲ　知名度只是品牌的冰山一角

企业通过广告保鲜品牌，但并不是说每年投放广告就能一劳永逸了。其实，品牌资产的元素是包括多方面的，而知名度仅仅是露出海平面的冰山一角。只有那些真正有价值的品牌，才能引起消费者的购买冲动。

品牌价值的多少，与知名度、认同度、美誉度和忠诚度紧密相关，而这"四度"均取决于消费者的印象。知名度的鹊起，仅仅是说一个品牌进入了消费者的视野而已，要在消费者心目中建立起相应的地位，则需要后面"三度"紧紧跟上。

爱多、秦池等当年的"标王"如今成为过眼烟云，原因皆在于只注意建立知名度。爱多走向衰败，直接原因是支付广告费用能力的丧失；秦池后来的溃败，直接诱因是产品质量出了问题。由此可见，如果品牌建设只有轰轰烈烈的开始，缺乏持续性，则必然会导致销声匿迹的结局。

随着消费者认同度和接受度不断地产生差别，品牌价值相应地会向扩大的方向或缩小的方向发生变化。也就是说，要让品牌价值不断扩大，认同度、美誉度和忠诚度远比知名度重要。相反，如果后面"三度"发生向下的位移，品牌价值将与知名度大小形成强烈的反比。当年因发生在湖南的喝死人事件，销售如日中天的三株口服液立马就滑到了崩溃的边缘。

但不言而喻，没有知名度岂能奢谈品牌。只有有了知名度，供应商才会对一个品牌产生依赖；只有有了知名度，媒体才会尊重一个品牌；只有有了知名度，消费者才会知道一个品牌。问题的核心在于，要把供应商、媒体和消费者的原始信任转化为长久的信任。只有这样，知名度才会对认同度、美誉度和忠诚度形成正向的乘数效应。遗憾的是，很多企业会自觉不自觉地染上"爱多病"。

对"脑白金"和"脑黄金"将注意力全部集中于营销上的经营理念，很多管理者比较认同并加以模仿。从"脑白金"和"脑黄金"创立以来这么多年的销售业绩来看，似乎也可以说"能赚钱就是营销"的理念并不错，毕竟捉得住老鼠的才是好猫。然而，市场的任何风吹草动都有可能使"急功近利"的体系发生崩溃。

建立完善的品牌建设和管理系统，几乎是所有著名品牌成功的基础。1991 年，雀巢公司在英国采用了"品牌忠实消费群"方法，成立了著名的"品牌小屋俱乐部"；在强生公司前任 CEO 詹姆斯·伯克看来，品牌创造就是公司与消费者之间"信任价值的资产化"。显然，如果不是资产化了的品牌，相信可口可乐前董事长伍德拉夫也不会夸下这样的海口："只要可口可乐这个品牌在，就算有一天，公司在大火中化为灰烬，那么第二天早上，企业界新闻媒体的头条消息就是各大银行争相向公司贷款。"

## Ⅳ 最恐惧的是发现不了自身潜能

有一家专门生产刀具的老字号，虽然在刀具材质和款式上动了不少的脑筋，力图让刀具变得轻盈、美观从而吸引年轻消费者，但这些年来其市场地位仍旧不断下降。

这种事与愿违的状况，固然与市场竞争激烈不无关系，但问题的核心还在于它一直拘泥于单做刀具。

全球赫赫有名的大品牌，它们能够威震天下无不是因为对产品和品牌进行了最大限度的延展。恒源祥原来只做绒线销售时，可谓举步维艰，后来通过不断扩大品牌经营范畴，才变得日益滋润起来。面对生存和经营上的窘境，不排除那家生产刀具的老字号也曾谋求过转型，譬如扩大产品的范围，甚至直接进军其他领域，但不管它采取了怎样的措施，如今的状况均表明，它所谓的应变，仅仅是为了解决眼前的问题，而不是为了长远的大局。事实上，这是很多中国企业走不出的窠臼。

由于仅仅考虑解决眼前的问题，企业的最终目标必然是落在"从新业务中获取资金"或者"让公司挺过困难期"。基本上有这样出发点的公司，大多不会制定什么战略，而只是简单地东施效颦。就中国现阶段的经济状况来讲，房地产无疑是最能立马带来收入的业务。由此，也就不难理解为什么会有那么多的中国企业涌进房地产行业了。

多年前，惠普并购康柏震惊全球。惠普之所以敢冒天下之大不韪，是因为这是在仔细度量市场容量和严格分析竞争对手的基础上做出的决策；而康柏同意惠普并购自己，也是对自己产品定位和享有资源精密研究后的结果。很多中国企业没有将转型上升为战略，自然不会长期去遵循当初的规划，甚至可能朝令夕改。如果目标过于保守，就会局限自己能力的发展和成绩的取得。俗话说："取乎其上，得乎其中，取法其中，得乎其下。"人最可贵之处，不就是有梦想吗？

正是因为看到了自身潜藏着的巨大能量，惠普才会冲破重重阻力收购了康柏公司。惠普前 CEO 卡莉·菲奥莉娜就曾经说过这样一段意味深长的话："我们现在最恐惧的事情并不是不知道自己的不足，而是看不到我们身上隐藏着巨大的不可估量的潜能。"

实践告诉我们，只有大品牌才能产生核心竞争力。创立于 1974年的台湾鸿海公司，在获取索尼、惠普、英特尔、戴尔、思科、诺基亚、摩托罗拉等公司订单方面，具有其他企业完全不可匹敌的竞争力。没有别的原因，就是因为它在代工方面的品牌之大，让这些企业巨人们相信它。同样，由于做大了品牌的核心竞争力，沃尔玛才会主动找上门要好孩子集团给它们生产与童车毫无关联的浴帘架。

# V　老字号并非核心竞争力

在品牌导入成本日渐走高成为全球趋势之际，有很多家喻户晓的中华老字号正在逐渐消失，实在是可惜。

但是，这也从侧面印证了老字号称号本身并不是核心竞争力的道理。过去老字号成名，主要依靠的不是成功的品牌体系，而是独特的技术支撑。现在集体败落，则是受到先进技术发展的冲击，老字号无法招架层出不穷的替代品。对于传统的手工工艺，既不能很好地保护和继承，又不能向现代技术转换，说明这些老字号并不具备把过去的核心要素转化成文化的能力，只会习惯性地躺在老祖宗的襁褓里。既然不能形成特殊的内涵，企业的文化、传承发展的核心在逐渐消失，自然就枉谈老字号品牌继承。

过去，恒源祥不是做得最好的，但可以说做得恰到好处。在中国特定的市场条件下，不是单凭最好的原料、设备、质量和专卖店，就可以成功发展品牌的，而是需要用恰到好处的方法去实施、运行。

在市场经济大潮中，恒源祥找到了前人从未尝试过的模式——虚拟的特许加盟，从而创造、改变了绒线行业的盈利模式。

1987年，恒源祥的全部家当只有100多平方米的营业场地、两辆黄鱼车和大量积压的库存绒线。那时的恒源祥是一个穷得只剩下称号的老字号企业。恒源祥重新焕发青春与活力，就是因为对"恒源祥"注入了品牌元素。在此基础上，借力现代企业的营销理念和模式，通过市场经济赢得了生机与活力。

现今活得比较好的老字号，无不是将字号升级为品牌的老字号，它们时刻都在努力地寻找传统特色与现代消费的最佳结合点。比如说，百年药店杭州胡庆余堂看到老百姓喜欢吃炖鸡，就把鸡和枸杞等中药材一起炖，采用小包装销售。这种对市场的敏锐把握，没有品牌意识的修炼，是无法想象的。

宝洁公司的帮宝适是全球尿布市场的第一品牌，现在大约占有1/3的市场份额。但1956年帮宝适刚问世时，定价比其他品牌高，消费者并不接受。在这种情况下，宝洁公司没有单纯地降价，而是在降价同时把尿布破天荒地打入连锁超市，改变了其他品牌把尿布放在药房销售的惯用分销策略。于是，帮宝适的销量大增。销量增加降低了生产成本，进而又通过降价增加了市场份额。

创造一个品牌不是要将其僵化固定，而要根据市场形势不断与时俱进，这是毫无疑问的。任何品牌自创造之日起，就不会再单纯地按照经营者的意志为转移。只有主动以消费者为基础，才能不断地提升品牌价值。凡是著名的品牌，无不是通过敏锐把握市场变化，才让它的市场份额不断扩大。

# CHAPTER 11

## 文化决定命运

没有文化的品牌是没有灵魂的。一个品牌的成功，永远离不开它背后的文化属性。从这个意义上讲，文化决定着品牌和企业的命运。

# Ⅰ 品牌论道

## ● 品牌与需求

对品牌的认识来自于消费者的需要。对消费者而言，首先要满足生理需要，即以物质满足吃饱穿暖的根本目的。随着收入的提高，消费者产生了心理需求，我们把它称作是情感需求，即满足消费者吃好、穿好的需求。而随着未来市场进一步的发展，人们还会产生新的需求，即价值需求，即满足消费者吃健康、穿时尚并以此彰显自己的生活方式的需求。品牌是价值的体现，所以品牌是企业未来最大的利润空间。

但现在很多企业进入了品牌经营的误区，不断研究企业本身怎么做品牌，企业品牌怎么发展。其实，这些都是品牌经营的"术"，而非"道"，我们更应该深刻地研究并发现人的需求。此外，人的需求是客观存在的，并不是被创造出来的。品牌企业更应该从人性的角度研究和理解品牌，这才是品牌的"道"。

● 品牌与信息对称／不对称

一个产品，一个行业，如果信息对每个人来说是对称的话，那这个品牌很难建立。例如可口可乐，它其实是水＋糖＋香精＋色素＋小苏打，它的配方是透明的，但可口可乐公司告诉消费者的是：这个配方是一个秘密！秘方被放在保险库里，要几个人的钥匙同时使用方可打开，并不断创造出秘方失窃、秘方被解密等事件。企业始终维持着和消费者之间的信息不对称，也正是这种神秘感，让全球的消费者为之着迷。

其实，经营品牌就是讲一个故事，并不断维持不对称的信息，让消费者产生兴趣，并长久地保持记忆。

# Ⅱ 永远不变的战略是变

《恒源祥二十一世纪战略蓝图》中的一句话时刻悬在我的心上，不敢有所遗忘："人类文明在有史以来，从未有像今天一样，昨日的经验、规模、成就，甚至财富，竟然也会成为人们今日失败的原因，过去'对'的事竟然成为了今天'错'的事，而且时间的距离越来越小，但错误的后果却越来越大。过去的'对'成了今天的'错'，错在于失效。更为深刻的是，除了我们所做的事情可以错之外，就连指导我们选择对错的观点和方法都同样会错。"

在企业的经营过程中，"选择对错的观念和方法"最终可能归结为企业制定的战略。因为在人们心中，战略相对于战术和策略，战略往往是全局性的、指导性的、基本不变的。造成战略失败或终止的原因有很多种，比如赖以存在的外部条件发生巨大变化、执行不力、企业并购、领导人更迭等等。抛开这些因素，仅就战略本身而言，我们可能对它还存在误解，所以我们要追根溯源、探知企业战略本身的真相。

## ● 企业战略的真相

战略原来是一个军事领域的概念，通常指"指导战争全局的计划和策略"，后被引入到企业管理领域。20 世纪 60 年代初美国著名企业史学家艾尔弗雷德·D. 钱德勒的《战略与结构》一书拉开了企业战略问题研究的序幕，提出了企业战略问题研究的序言："企业战略是影响和决定企业长期的基本目标及目的，是选择企业达致既定目标所遵循的途径，更是为实现所选择的目标和途径对企业已有的资源进行优化配置。"

此后，哈佛商学院的著名教授肯尼思·R.安德鲁斯在 1965 年出版了《商业政策：内容与案例》，指出"企业战略是根据组织自身条件，来调整适应所处环境的机会"。

20 世纪 60 年代，美国学者安索夫所著的《公司战略》面世后，战略逐渐受到企业界的重视，并开始成为一种流行的管理概念。安索夫认为，"战略行为是这个组织对其环境的互动过程，并由此引发组织内部结构变化的过程"。

在学习和体会企业战略真相的过程中，我有两个新发现。

第一，战略不管是制定还是执行是一个动态的过程；

第二，战略更侧重不断适应内外界变化的能力，而非结果。

简而言之，战略是不断修正企业发展方向的过程。这对企业而言是一项攸关生死的观念和能力。

作为一家卓越的企业，GE（通用电气）尤为值得敬佩的一点就在于其善于改变战略的能力。在韦尔奇时代，GE 的一项战略是金融业务，而其继任者伊梅尔特则把未来押在清洁能源、医疗设备和水处理设备等领域，且发展势头强劲。相反，索尼因没有及时调整在数字音乐播放器上的战略而被三星赶超，失去了王者的地位。像索尼这样的企业也会在战略制定过程中犯错误，他们错以为可以通过归纳和总结经验找到一条通往未来的道路，这就犯下了"刻舟求剑""墨守成规"的错误。

## ● 战略能力的核心是预见和变革

　　企业需要不断修正发展的方向和过程，因为内外部的变化越来越多，而且越来越快。在充满不确定性的环境中，并不意味着企业很难制定自己的战略。关键在于，在制定战略前后要不断审视内外部环境的变化，并据此对战略进行持续的跟踪与调整。这种战略才是企业所需要的。企业必须摒弃旧有的观念，培养起主动调整战略的能力。这种能力包括预见未来和变革的能力。

　　一个不知道未来市场趋势的企业是无法制定新战略或者调整原有战略的，这个企业注定会失败；一个缺乏变革能力的企业即使看到了未来，但如果无法作出战略调整，也会贻误发展良机。企业战略的调整和改变不是乱变，成功企业的战略轨迹虽然是一条不断修正的折线，但这条折线总的发展趋势是朝着某个固定的方向。

　　恒源祥95年的历史，也经历了五次企业战略的调整：1927年创立，1935年恒源祥从零售走向制造；1956年恒源祥从私营走向国营；1991年恒源祥从字号走向品牌；1998年恒源祥从单品走向多品，2005年恒源祥开始了第五次变革——从策略走向战略。

　　恒源祥的这五次战略调整，性质有所不同。第五次转型之所以被称为从策略走向战略，是因为前四次是被动地适应市场的变化，也就是恒源祥已经遭遇了企业发展的危机，然后才开始转变，这些转变还不是严格意义上的战略调整。而第五次的转变是在企业还没有发生危机时的主动变革。恒源祥通过对全球企业发展趋势、行业发展趋势、品牌经营趋势的研究，清晰地看到了恒源祥的未来在哪里，并在此基础上制定了清晰的战略。

很多人说，恒源祥今天的成功得益于十多年前制定的品牌战略。当时的企业还缺乏品牌的意识和观念，但恒源祥看到了，并开始努力提升品牌经营的认识和能力，经过多年的发展才获得了今天的成果。今天，已经有越来越多的企业认识到了品牌的重要性，并开始步入品牌市场。试想，如果恒源祥到今天才懂得品牌经营的意义或者今天才开始变革的话，那成功的可能性几乎为零。

## Ⅲ 从"悟到"到"悟道"

从小师长就告诉我们：学习不仅要知其然，还要知其所以然。如果说知其然是"悟到"，那么知其所以然就是"悟道"。两者虽然读音相同，但文字不同，包含的意思也有天壤之别。一个从事品牌经营的人，仅仅"悟到"是远远不够的，还要努力做到"悟道"。

从"悟到"到"悟道"是一个过程。回想当年，我自己对品牌的认识和认知也是从几件事情上开始的。我 1976 年开始工作，最早在长风钢精搪瓷商店工作。商店卖五大类产品，分别是铝制品、保温制品、搪瓷制品、玻璃制品和特殊规格的不锈钢制品，前四种是进工厂生产的现成货，有各自的商标，唯独特殊规格的不锈钢制品由商店自己进原料，然后根据客户（主要是工厂、医院等单位的食堂）的具体需求定制各种产品。这些产品会贴上店名——"长风"的商标。我发现这样做有几个好处：一个是商店有了定价权，不像前四类产品是被严格核价，所以定制类产品的利润比较高；另一个是打上了商店名称的产品成了商店无声的"宣传员"，不仅让产品有别于人，而且为商店招揽了更多的生意。1982 年中国才有了《商标法》，但通过这件事情，我在《商标法》制定之前就对商标有了较深的认识。1985 年，我去了美达商店当"三把手"。当时流行旅游鞋，我借鉴了"长风"的经验，在扬中找了一家鞋厂，自己又创意了一个商标叫"美能达"，开始贴牌生产。之后将"美能达"牌旅游鞋放在店里卖，为商店创造了巨大的效益。1987 年，我去了恒源祥商店，店里除了卖多个商标的绒线外，还卖 5 家工厂的羊毛衫，这些羊毛衫虽说商标不一样，但从颜色、款式到价格、销量基本一模一样。我又在一家羊毛衫厂开始"试水"我的商标（品牌）理念，让该厂在提升产品品质的同时使用"恒源祥"的商标，并且每件衣服提价 20 元。每卖出去一件，工厂交给恒源祥商店 5 元的商标使用费，加上原本商店就要收取 20% 的扣率，恒源祥商店可以赚取近 10 元的利润，工厂也可以多获得剩余的 10 元盈利，可谓双赢。结果是使用"恒源祥"商标的羊毛衫虽然贵一点，但消费者买账，卖得最好。这几件事情，让我最早悟"到"了商标（品牌）化发展的价值和基本做法，坚定了我走这条道路的信念。但我真正悟出品牌经营之道是一个循序渐进的过程。时至今日，30 多年过去了，我相信当下的业界已经悟"到"了品牌经营的重要性，各种经营之法也大行其道。在此期间，我从悟"到"向悟"道"的方向不断前行，而且对当下的联合体深有感触：要培养经营思维的长度、宽度、深度和高度，突破各种"设计"和局限，不断让企业成"长"（长大）和成"长"（长久）。

我们常说：历史有局限性，在经营企业的过程中，我把种种的局限称之为"被设计"。我们往往容易被天、被地、被人，被过去和当下的环境、社会、制度、法律、思想、文化等设计，也一直遭受着这种强大的"设计"力量的考验。例如，在计划经济年代，企业几乎所有经营的种类、方式、价格等都被严格规定，我自然可以和绝大多数人一样按部就班、遵照执行。但我潜意识中感觉这样做，企业没法发展，更没有出路，必须要突破这种局限和"设计"，尝试创新和变化。在实践过程中，我得到了很多的启示：导致"被设计"，关键原因不在外部环境，而是在自身，因为自身的局限，在受到外因影响时，自觉和不自觉中形成了在种种"框"中思考问题的习惯。

例如，一旦碰到"新问题"，"老革命"们的第一反应往往是"没办法"，"没办法"是"自欺欺人"之谈，其根本是思维方式出了问题。所谓"没方法"，有几类原因，首先可能是用过去的办法，没办法；其次可能是现在做、马上做，没办法；最后可能是一个人做、特定的人做，没方法。其实这三种原因造成的"没办法"，都有答案可解。如果是第一种原因，我们可以思考设计一种崭新的、前所未有的方法；如是第二类，我们可以着手准备，等待时机成熟，再坚持做到底，直至成功；如果是第三类，我们可以选择合适的人组成一个团队，以共同的力量来促使成功。这些做法在恒源祥的发展历程中是屡见不鲜的。

1995 年，我提出了要把恒源祥的品牌留在世界杯、奥运会的历史上，那时很多人取笑我，说这是不可能的。以当初恒源祥的规模和实力，确实是不可能，但如果那时我被现实的条件"设计"了，放弃这个梦想，那 2008 年恒源祥就和奥运失之交臂了。事实证明，到 2008 年时恒源祥已完全具备了赞助奥运的资格，但如果那时候才去做，已经来不及了。恒源祥能骄傲地留在奥运的历史上，关键在于我们没有轻易地被"设计"；相反，我们想得早、想得远，准备得也早，用十年的时间，通过"不可为而为之"的做法让梦想成真，从此让恒源祥集团和品牌跃上了一个更高的发展平台，其影响深远，不同凡响。

所以，要让基业长青，我们不能随波逐流，轻易被"设计"，不能只停留在思考当下的层面上，必须要延展思维的长度、宽度、深度和高度，这是关系到企业能否成长（zhǎng）和成长（cháng）的核心所在。

有了思维的长度、宽度、深度和高度，我们才不会轻易被"设计"，相反还能成为设计者。那如何具备思维的长度、宽度、深度和高度呢？我认为关键在于我们要有长远的使命、宏大的精神和正确的价值观，所谓站得高看得远。只有我们不被一时的矛盾、困难、挫折、挑战或者得失所蒙蔽，才会突破限制，作出正确的选择。

很多人认为打造品牌首先需要钱、需要资源，其实在我看来首先需要合适的人以及这群人组成的团队。所谓合适的人，简单而言就是那些能够从"悟到"到"悟道"的人。

CHAPTER 12

品牌决定未来

未来我们要在世界上作为一个先进的组织、先进的企业存在。这不是简单地看我们创造了一个什么样的商业模式，还要看未来我们能否为人类创造一种全新的生活方式。经营品牌，未来已来。

# Ⅰ 品牌是文化的载体

## ● 用文化的方法做品牌

我们有关文化、有关品牌的研究已经进入一个新的高度，品牌是什么呢？我们认为品牌是记忆；文化是什么呢？我们认为文化是习惯。品牌和文化之间的关系是什么呢？品牌是文化的载体，同时我们也找到了品牌的载体，就是有关国家、组织、人，有关产业、行业、产品，这些是品牌的载体。

1988 年我们就把"恒源祥"注册为商标，迈出了品牌战略的关键一步——"恒源祥"从一个商店的商号，正式成为品牌的商标，并带领恒源祥走品牌之路。我们知道做品牌是一个漫长的过程，国际上的一些知名品牌，是花了 30 年、50 年乃至 100 年时间不停地打造而铸就的。对恒源祥来说，不论是参与北京奥运会、上海世博会，还是北京冬奥会，其核心目的，实际上都是通过顶级的国际化平台，树立一流品牌形象，进而为品牌的国际化战略奠定基础。

后来当大家都知道做品牌之后，我又提出用文化的方法做品牌。我深知，恒源祥如果不用文化的方法做品牌必是死路一条；也正因为我用了文化的方法做品牌，恒源祥才发展到今天。

## ● 走多品牌道路

我们提出以恒源祥为总商标，要发展产业品牌、产品品牌，不同类别的品牌，总之我们以后要走多品牌道路。但是我们首先要把恒源祥打造成顶尖，然后再带动其他品牌。我们打造品牌时坚持两条道路。第一条是坚持永"恒"不变。我们传播选用的"恒、源、祥"发声的声音从 1991 年诞生就没有变过，即使换广告公司的时候他们会提出很多方案，我们仍坚持什么都可以变，但是这三个字的发音不能变。第二条是我们对品牌的认识。1994 年 3 月的广告一开始就是"三无广告"，没有产品、没有行业、没有地域名。我们为什么不做产品广告，因为考虑到做产品广告的话，将会限制我们未来品牌的发展空间。就像茅台酒，它只能做白酒了，它的葡萄酒没发展起来。因为厂商在白酒上做了大量投入，让白酒成了它的代名词，没办法去做其他的了。当时我做这个"三无广告"是被领导骂的，领导觉得浪费国家的钱[1]。但是我还是坚持，因为我知道现在做了毛线广告，未来就没有空间了。

有了这样的坚持，所以我们纯粹是打造品牌而不是打造产品品牌。后来我们得出了一个结论：是把品牌贴在产品上，还是把产品贴在品牌上？我们一定要把产品贴在品牌上，把品牌当成核心，告诉消费者这个品牌是什么，这个品牌是时尚的、流行的、经典的，让他们记住品牌。但是我们现在大多数广告是将品牌贴在产品上，消费者记住的是产品。消费者有个普遍心理，就是喜新厌旧。如果没有告诉他们品牌的内涵，而是告诉他们产品的功能，那么他们淘汰产品的时候你的品牌也就被淘汰了。但是我们是以品牌为导向的，产品淘汰了品牌还在，这样品牌生命力才会持久。

## ● 品牌是综合载体

我们不希望让恒源祥成为经验，更不希望让它成为红旗。我们需要为了说明品牌讲到恒源祥，而不是为了讲恒源祥而讲到品牌。比如，我讲到中国的市场制度和环境，不希望立足于上海，而是希望立足于全球来思考问题。全球化很快，据估计，在未来几十年，

---

① 恒源祥曾被并入上市公司"万象股份"，2001 年实施了 MBO 收购转制。

世界将诞生一批没有国界的公司。我们现在讲的公司都是有国界的，例如耐克是美国的，阿迪达斯是德国的，丰田是日本的，波音飞机是美国的，奔驰是德国的。未来将会有这样的公司，它不是属于哪一个国家。还有一个预测是再过60年左右，世界上国家与国家之间的界限将会变得越来越模糊，这是一个大趋势。正是因为看到了这种趋势，我们才要做准备，所以我们现在做什么，不能仅站在自身行业角度去思考。早在20世纪90年代，我们就已经讲过行业界限将变得越来越模糊，例如手机。我们要把世界趋势变成我们的优势，对国家而言也是一样，如何把世界的趋势变成中国的优势，世界趋势又如何变成恒源祥的优势，这是我们思考的问题。

可以这样认为，品牌不仅仅是企业文化问题，品牌更是政治的、经济的、社会的、文化的综合载体，是国家硬实力和软实力的完美结合体。国家与国家之间的竞争最终是品牌的竞争。

## ● 品牌是记忆

很多专家说我这个人做品牌是有天赋的，因为我们最早做广告。其实广告让消费者记住是有原理的，一般选用三种媒介来传达，美女、动物、小孩。大家都知道"羊羊羊"这个广告，我们无意中选用了两个——动物和小孩；当然还有听觉刺激。我们做广告的时候是有意识地去重复"羊羊羊"的。我们认为品牌是消费者的记忆。恒源祥曾经跟中国科技大学一起做了个研究，研究消费者听了"羊羊羊"之后的反应。消费者右脑影响对音律的记忆，我们研究发现"羊羊羊"三个字进入消费者右脑两三秒时间后，又从右脑到左脑，形成消费者对文字的记忆。我们通过带音律的"羊羊羊"发音，既给消费者形象思维，又给其逻辑思维，这样他们更容易记住我们的品牌，这都是有实验依据且科学的。我们对这种科学有了认识，今后对消费者进行传播时就不会走弯路，从而可以用最低的成本让消费者记住。我们还意识到做品牌要从娃娃做起。在20世纪90年代进行战略制定时，我们就意识到要抓小孩子的记忆，让小孩未来成为我们的消费者。我们有好小囡合唱团、京剧团、艺术团和幼儿园；我们做的慈善项目恒爱行动，为55万孤残儿童编织毛衣；我们开展中国中学生作文大赛，每年评比20个恒源祥文学之星，现在每年有接近3000万的学生来参加这个比赛。这些小孩成长到中年时代时候，将成为恒源祥的消费者，因为他们有了对恒源祥的记忆。

基于以上分析，我们认为品牌的未来在于记忆，在恒源祥的大家庭里，对内要形成共同的文化，而对外要创建给予消费者独特的品牌文化，并在消费者心中形成深刻难忘的记忆。消费者对我们的记忆将变成我们最大的财富。消费者不会记住品牌有多少财富，而是会记住品牌能够带给自己多少价值。消费者会为这部分记忆支付费用。人们记忆的特点是只记第一，不记第二。我们知道，世界上创意最好的国家是意大利，所以它的法拉利很有名。英国的文化符号是经典制造，所以它生产的劳斯莱斯可以生存下去。消费者正在为他们所认同的这部分记忆支出不同的费用。记忆越好，支付的费用越多；反之，则会越少。所以，我们要思考：恒源祥要给予消费者怎样的记忆？如何让消费者记忆？这是我们品牌的未来，也是我们真正的财富所在。

## ● 我们需要有做品牌的能力

品牌对不同经济收入、不同民族、不同地域的人而言都是不一样的。过去不同阶段我们对品牌的描述也不同，现在可用一句话概括，品牌是消费者的记忆。2008 年的时候我们公司就讲过，现在我们最需要的不是品牌，而是做品牌的市场制度和环境，其中更重要的是需要有做品牌的能力。我曾告诫员工，如果可口可乐董事会决定把可口可乐品牌和公司赠送给恒源祥，恒源祥人是否具备让可口可乐未来辉煌 100 年的能力呢？没有，所以今天不是我们没有品牌，而是我们不懂如何经营品牌。我也曾讲过，如果可口可乐公司拿出它全年广告投入的 7% 在中国、全球做毛线，还有恒源祥吗？没有了。

做品牌研究的时候，可以研究个人的品牌、组织的品牌和国家的品牌，把优秀的和差的放在一起做对比研究。1976 年我参加工作，同一批进来的员工都在当收银员；30 多年以后，我成为亿万富翁，还有人在拿工资、站柜台。我的这个过程是个人品牌建设的过程，并且我也影响并带领了一群人。同理，当国家好了之后，所有世界有能力的人都愿意为这个国家服务的时候，这个国家就发达了。产品亦是如此，不管是谁生产出来的，挂上好的国家的品牌，好的组织的品牌，好的人的品牌，价格就上去了。

## ● 品牌是有形的，文化是无形的

我们过去讲品牌，一直从产品、产业上去理解；我们过去讲科研，比较注重的是专利、发明、创造、新技术，其实这个方向是正确的，但这只是从有形的角度去理解，公司和整个社会的发展还有无形的东西在支撑。光有有形的，没有无形的，这叫单条腿；既有有形的，又有无形的，这叫两条腿。一个企业的好坏，不仅仅看有形的东西，还要看无形的东西。无形的东西看不见摸不着，但是能感受到。中国那些发达起来的有钱者叫"土豪"，这种人有钱，但是他很苦，因为他就剩下"有钱"了，其他什么都没有。就是你有很多东西，但是你没有内涵，你有有形的东西，但是没有无形的东西。我相信恒源祥的品牌是有生命力和丰富内涵的。

我们常说，美国成为世界一流的国家，有这么多的财富，是因为美国拥有庞大的无形资产。讲无形资产大家可能就会认为它是品牌，不，品牌只是一个外化的表现，品牌是无形资产中一个可以衡量的标准，但无形资产包含的不仅仅是品牌。我们做的一个报告给出的数据是，美国无形资产的总量是它有形资产的 1.6 倍，所以当时恒源祥就把这个概念牢牢记在心中。只有当企业的无形资产超越有形资产的时候，这个企业才可以持久地发展，才会有生命力。所以恒源祥在这么多年的发展中，对无形资产的投入是不惜成本的。当我们在 2005 年用 2000 万美元成为北京奥运会赞助商的时候，其实我们也可以用这些钱在有形的方面获得很多机会，如可以去买土地、盖工厂等，这些东西到今天都已经升值了，但我们没去做，不是我们不想去做，是我们觉得无形的比有形的更重要。

## Ⅱ　品牌与国家竞争力

品牌是一种生产力。今天，品牌的竞争力在全球经济发展中起到越来越重要的作用，中国经济也正在从中国制造走向中国经营。

有人认为，国家竞争优势源自廉价与充沛的劳动力；也有人认为，国家竞争力与资源之间可以画上等号。尽管在其他国家持这种观点的人正变得越来越少，但在中国，持这种观点的大有人在。以生产要素、成本要素的比较优势决定生产形态确实有着比较直接的说服力，但越来越多的例证显示，生产要素的比较优势并不足以解释丰富多元的贸易形态。

德国、瑞士、日本等国家在劳动力薪水不断高涨的同时，劳动力长期不足与经济持续繁荣的反差，已经让廉价与充沛劳动力是国家竞争优势的说法站不住脚了。过去由充沛的廉价劳动力起家的日本企业之所以能够延续国际竞争优势，原因在于它借助自动化取代人工。中国当下的劳动力确实非常廉价且充沛，但后起之秀印度正在以更加低廉的叫价与中国争夺外资，而且，大有后来者居上之势。以上海与苏州为例，苏州吸引外资的数量一度直逼大上海，根本原因就是苏州包括工资在内的商务成本比上海便宜。东南沿海地区的民工荒，已经表明廉价劳动力只能是暂时且特别容易丧失的优势。所以，当今天我们在谈论中国制造遍布全世界的时候，我们是以低成本和廉价劳动力而成为世界的制造中心，需要意识到这个优势不是核心竞争优势，它是可以复制的。这就是当"印度制造"或者是别的比中国劳动力更廉价的制造出现时，将会替代"中国制造"。

同样，资源的丰富也并不能决定一个国家的富有。相对于中国的众多人口来说，我们人均的资源绝不能算得上富有。其实，德国、日本、瑞士、意大利和韩国等贸易表现突出的国家，大多是资源有限而必须依赖原料进口的国家。相对于很多资源丰富的国家，资源不足的韩国、英国和德国反而更加繁荣。黄沙遍地的以色列成为高效率的农业生产者，更表明劳动力与自然资源生产要素在产业竞争中非但不再扮演决定性的角色，而且其价值也在快速地贬值。

显然，永续的竞争优势来自于持续的改善和自我提升。具体到企业，永续的竞争优势只能来自经年累月发展的营销渠道、独特技术、苦心培养的品牌形象等高级生产要素。美国大型电脑公司的持续竞争优势，就来自大量投资研究发展、积累经验形成的独特软件开发技术、降低成本以抵消营销服务网络的花费，以及绝对忠诚的客户。

大量投资于研究成果，固然能够形成只属于自己的核心技术，但在技术可以自由转让的情况下，企业完全可以通过购买的办法使自己的技术升级换代。也就是说，任何技术和发明都可以通过钱实现，但这里我们要探究的是，如宝洁、M&M's、瑞士莲、雀巢和可口可乐等很多日用消费品，在没有技术重大突破的情况下，仍能稳居领导地位数十年，这是什么原因？完全不能用金钱购买的，就是品牌的经营能力，品牌经营才是一个企业的核心竞争优势。

由此可见，"中国制造"只能是强大中国经济发展的策略和过程，而不能将其视作中国经济发展的战略和终点。否则，经济增长的成果很容易被黑洞所吞噬。

## Ⅲ　中国制造与自主品牌

尽管中国已然成为世界最大的工业制造国之一。然而，当很多中国人沾沾自喜于"Made in China"时，一些有识之士却心存忧虑：中国虽是备受青睐的制造大国，但并未成为真正意义上的经济强国。他们开始发出另一种呼声：中国应该建立以品牌经营为支柱的产业经济。

"中国制造"仅仅是中国经济在 21 世纪参与全球分工的基础，在未来的全球产业价值链中，它不能支撑中国成为经济强国，中国应该努力打造成品牌经营大国。

### ● "中国 = 世界制造中心"：盛名之下，其实难副

对于"Made in China"我们并不陌生。自 2001 年，日本通产省白皮书第一次提到中国正在成为"世界的工厂"始，"中国制造"渐

渐成为全球经济不可忽视的一支力量。

在很多人眼里，似乎中国有一些"领带大王""打火机大王""彩电大王"，就可以做世界工厂了，但事实并非如此。真正意义上的世界"制造基地"应该是在世界工业品市场占有相当份额，拥有相当多创新产品，同时在世界同类产业中还有一大批的"排头兵"企业。

但我国企业发展形态，大多正处于"橄榄形"，即企业发展是沿着技术开发——加工生产——市场营销的无限膨胀路径走的，并将核心放在生产上。而很少有企业选择先进的"哑铃型"结构，这就导致"中国制造"与"日美制造""欧洲制造"存在着巨大差距。

由于没有独家生产技术，很多关键部件都要用别人的产品，所以中国制造在市场上的竞争力根本无法与洋品牌相匹敌，只好为其做 OEM 定牌生产，给自己创造了 1% ~ 2% 的微薄利润。在全球制造业领域，我国企业大多游荡在中低端。

## ● 内忧外患夹击，中国制造还能走多远

中国缘何被众多学者誉为新兴制造大国？跨国公司缘何选择中国作为它的生产和出口基地？业内分析主要优势有三：一是稳定的政治、经济环境；二是低成本的劳动力优势；三是潜在的巨大市场空间。

但当中国巨大的内需并没有很快变为有效市场时，在内忧外患的夹击下，中国正悄悄失去"世界制造基地"的光彩。

"内忧"之一是投资中国的成本看涨。人工成本低廉向来是中国持有的王牌，但随着东部沿海地区工资水平的提高，熟练工人和管

理人员的供不应求，这一优势将不复存在。同时，市场的不规范导致签订经济合同、执行合同等交易成本非常高。

"内忧"之二是中国遵循了一个无奈的成长定式。引进新设备制造新产品，数月内，无数中国制造商也开始仿制，价格随之下跌，于是外国公司或者开始寻找新市场，或者从此不再向中国输出高端技术。

"内忧"之三是目前中国制造的多数产业和企业还处于依靠比较优势阶段。企业主要以生产制造为主，存在着科技创新能力弱、品牌建设不足、物流支持力度不够、基础设施依然薄弱、缺乏管理人才和熟练技工等劣势。

远亲近邻跃跃欲试。印度、越南等国正在不遗余力地宣传其廉价劳动力优势，作为跨国公司投资的另一种选择：人口庞大、平均工资较低、原材料价格便宜，这些因素使得"印度制造""越南制造"的竞争力正在悄然提高。

眼前世界关注的焦点也许是中国，但他们今天可以把工厂从巴西搬来，明天或许就会从中国搬去印度。

在经历了"美国制造""日本制造"时代之后，"中国制造"时代是否水到渠成？"中国制造"是中国经济发展的明智抉择吗？它还能走多远？中国制造能否成为国家支柱产业？

● **品牌经营才是逐鹿全球的战略**

当世界进入"经济强权"时代，谁的经济发达谁的腰杆就硬时，我们不得不重新思考：中国应当怎样提升经济实力，从而在全球化的经济浪潮中与强国分庭抗礼？未来中国的发展，究竟成为制造大国，还是品牌经营大国？

以前，跨国公司之所以未曾对"中国制造"构成正面价格压力，主要是因为：第一，尽管这些跨国公司一直都想把在中国的产品价格降下来，但是由于关税壁垒，加上还未形成一个良好的市场环境和投资环境，跨国公司对中国市场只能望洋兴叹；第二，跨国公司对中国市场以前不够重视，在20世纪的日本，一直流行着一级产品在国内销，二级产品在欧美销，三级产品才拿到中国来的做法，中国市场一直处在三级市场的地位。

而今，中国市场成了跨国公司新的"奶酪"。当跨国公司把眼光真正地投向中国市场，加大了在中国市场的投入，开始投资办厂，设立研发机构时，跨国公司对中国的市场策略也在发生根本性的转变。此时，国内品牌只是凭降低价格先天禀赋获取江湖地位已成为神话。

中国制造是中国经济发展的过程，而不是最终的终点。制造是中国策略的一部分，是解决中国现有问题的权宜之计，而不是中国经济发展的战略。笔者认为，中国成为世界制造中心是很有必要的，因为它是中国踏上经济强国的必经之路，它可以为我们引进外资，引入先进技术，但从宏观上来看，中国成为世界制造中心是悲哀的，因为制造不可能造出一个强大的中国。

我们一般把制造业称为第二产业，在美国，第一第二产业占GDP比例大概是20%左右，假如把美国、欧盟所有制造业都放在中国，再除以 14 亿人口，我们还剩多少？如果我们只是满身臭汗地出卖劳力，那就不可能成为经济强国。

## ● 经营是中国企业的"软肋"

中国很多企业关心的是机器、厂房设备等有形资产，品牌等无形资产却被视为可有可无。而国外的企业，它们的高明之处在于紧扣以品牌扩张和渠道扩张为基点的品牌经营。因此外国企业即使采取限地化生产，外方品牌也一定会附加在中国制造的产品上，产量越大、份额越大、品种越多，品牌扩张所积累的价值就越大。随着国内市场国际化和国际市场国内化程度越来越高，产地概念就变得愈发模糊，这时的市场角逐就是品牌角逐。

现在所有产品的制作成本已趋于平衡，唯一的区别是品牌。品牌经营的内涵是世界精神。我们已经进入了"心"经济时代，消费者愿意为精神需求、心理需求买单。我们为了听一场三大男高音音乐会，一张票超过一万元人民币，最终得到的除了一张票根外，更多是心理上的满足。法国香水是世界上最昂贵的香水，但对香水工艺研究最好的是德国，为什么德国的香水只能卖法国的三分之一的价钱呢？因为德国人不浪漫，香水是讲究浪漫的。

品牌是一种生产力，而这种力的形成在于经营。麦当劳是全球快餐业的巨无霸，它的汉堡没有任何技术含量却风靡全球，创造了无数财富，靠的是品牌经营。但经营却是中国经济的"软肋"。有调查表明，中国老字号企业在商海沉浮中已有70%寿终正寝，幸存下来的老字号经济效益乐观的不到 20%，而形成规模经济效益的更是凤毛麟角，恒源祥就是其中之一。资料显示，羊毛衫老大恒源祥 2002 年市场销量达 30 亿元，每年以 30% 的速度增长。

就在其他企业为争夺国际订单忙得焦头烂额时，恒源祥却在忙于自己独特的自主知识产权模式，经营着品牌。

中国的制造业能将神舟五号送上天，中国人的科研创造能力难道破译不了可口可乐的技术吗？中国缺少的不是创造能力，而是经营，缺少通过经营发掘出更大的经济价值的能力。产品是工厂生产的东西，而品牌则是消费者购买的东西。一件产品可以被竞争对手模仿，但品牌是独一无二的。产品很快会过时落伍，而成功的品牌是经久不衰的。如果我们继续无休止地埋头加工产品，无视品牌经营，最终只能把我们仅有的家底全部拱手相送。中国理应成为世界的经营中心。中国应该把品牌当作支柱产业来经营，唯有如此，中国企业才能走向世界。

## IV 品牌成长环境需改善

为了探索品牌的发展及品牌的融资功能，我们曾经尝试着用恒源祥的品牌作担保到某银行贷款，但是遭到了拒绝。某银行认为，品牌是无形资产，看不见、摸不着。

在市场经济发达的欧美国家，一些公司拥有强大的品牌资产，银行将其家喻户晓的品牌列为提供贷款的条件。换句话说，银行把贷款建立在其品牌资产价值基础上，而不是资本结构上。

恒源祥是做什么的呢？是做品牌经营，商标经营。这个品牌是资产吗？肯定是资产，既然是资产，它肯定有价值。但当我把这个商标资产交给银行做贷款质压，我可以贷款多少呢？我国的法律在担保法中明确规定，商标权、专利权、发明权都可以质押，但事实上你投入 1 亿建立商标资产，银行是不认的。但是假如我把 1 亿投入到盖厂房，银行是一定会给我贷款的。

这是为什么？是市场制度决定我国支持实体产业的发展，而不支持商标资产发展，是没有真正把商标资产认为是资产。

我们的法律法规应该是能够推动并支持这些企业发展资产的法律法规，应该建立有利于支持中国"无形资产，商标资产，品牌资产"发展的法律法规，我们亟须改善中国品牌的成长环境。

## V　中国离品牌大国还有多远

世界品牌实验室研究发现，"国家品牌"对一个企业或产品品牌的贡献率达到了 29.8%，可谓至关重要。譬如，"德国制造"这一品牌对德国经济增长作出了显著贡献，"德国制造"的商标在世界市场上令人趋之若鹜。国家品牌形象，意味着一旦消费者形成对一个国家产品的总体印象，他就会带着这个印象看这个国家生产的所有产品，并依据这个印象做取舍的判断。日本前首相中曾根康弘也曾说："在国际交往中，索尼是我的左脸，松下是我的右脸。"

那么，中国为什么距离品牌大国如此遥远？

以我观察，当前我国品牌培育和发展主要存在着以下几个方面的问题。从企业层面看，尚缺乏培育自主品牌的动力。一些企业家认为品牌是富人的盛宴，有钱人才会特别注重牌子。最为典型的是中国玩具行业，年出口超过 80 亿美元，有规模的一万五千家玩具企业中，真正叫得出名字的品牌一个也没有。由于长期做代工，国内玩具企业一直生存在国外品牌的笼罩之下，绝大部分利润被国外赚走，缺乏自主品牌已成为国内玩具产品的最大遗憾。

从市场层面看，尚未形成适合品牌发展的竞争环境。商务部的官员称：一些地方存在行政性垄断和地区封锁的现象，排斥外来产品和品牌，限制了品牌企业的发展空间。假冒伪劣现象屡禁不止，侵犯知识产权事件时有发生，损害了企业的合法权益，挫伤了企业创建自主品牌的积极性。

从社会层面看，中国民众真正的品牌意识形成的时间还不长，全社会还没有形成有利于品牌发展的良好氛围。1991 年恒源祥决定拿出 10 万元在上海电视台打广告时，上海电视台广告部的领导还悄悄地到当时位于南京东路的恒源祥门店考察过，当发现恒源祥仅是一个两开间门面的国营小百货店时，他们觉得恒源祥的举动有点不可思议。因为当时上海电视台广告部主任月工资只有 45 元，奖金也只有 5 元。他们的疑问是：一个小小的门市部"如此大的气派"，拿出 10 万元做品牌广告，有没有必要？今天的上海电视台已经成为上海乃至中国品牌的重要扶持者，但是在 30 年前，品牌意识在他们的脑海里才刚刚萌芽。

21 世纪以来，中国绝大多数企业家已经认识到品牌的重要性。一个又一个中国品牌像海尔、联想、央视、中国移动等，正在逐渐走出国门，走向世界。当然要进入世界品牌百强还要假以时日，毕竟罗马不是一天建成的。对于中国品牌的崛起，世界品牌实验室专家组成员、世界经理人首席执行官丁海森先生毫不讳言：“展望未来 50 年，中国品牌一定能和美国品牌共同排列在世界品牌强国第一阵营。”我相信丁海森先生这句话不是恭维话。有所作为的中国品牌肯定会在未来的 50 年以自己的行动证明丁先生所言非虚。

# VI　中国品牌的国际化处境

中国品牌的国际化问题已提到议事日程。

一个国家企业品牌的基础是国家品牌，如果国家品牌强，就为这个国家所有企业品牌国际化奠定了一个好的基础。中国已越来越注重作为国家品牌的中国形象，2008 年北京奥运会，中国向世人展示了自己悠久的文化，繁荣的国力；全球金融危机，中国实力让世界为之瞩目，中国国家品牌形象在全世界有了较大提升。

随着中国在全球的崛起，国外品牌在广告中开始采用中国元素。

但与此全然相反的是，中国品牌在走向国际化的征程中，很少愿意以中国面孔亮相世界，或者尽量模糊自己的身份，如海尔，不少美国人认为它是德国品牌；TCL 是什么意思，很少有人知道。

中国品牌为何故意淡化其中国身份呢？其原因是在外国人眼里，中国产品第一品牌 Made in China（中国制造）遭到质疑。说 Made in China 是品牌，会遭中国人的否定，因为它仅仅是代加工产品，或没有品牌的中国产品，中国成千上万的乡镇企业是 Made in China 的生产基地，但是在国外人眼里 Made in China 却是一个中国品牌。

品牌不仅具有地域属性，也有国家属性，因此，当 Made in China 作为产品出产地名称时，某种程度上它已成了国家品牌形象的一部分。当它给外国人留下质量欠佳的印象时，中国品牌在国际化征程中会使人产生联想，产生负面效应，这就是中国品牌在国际化过程中微妙而尴尬的处境。

企业品牌要依托国家政治、经济、文化等强大的背景，才可能诞生具有全球竞争力的品牌；国家品牌的提升为企业品牌的发展塑造了良好的外围条件，国家在消费者心目中的正面形象往往能够让消费者对这个国家的品牌产生信任，从而进一步购买来自这个国家的品牌产品。

企业品牌是国家品牌建立的基础，没有强势的企业品牌作为支撑，国家品牌的建立就无法"落地"——让世界的消费者产生直观的认同，所以企业品牌的建立是整个国家品牌体系关键的组成部分。中国正在积极推进从"中国制造"到"中国创造"的转型，这需要大批具有创新精神、创新理念和有作为的企业积极参与。

其实，一个企业、一个人，都需要处理整体和个体的关系，对企业来讲，就是企业整体形象和具体形象的关系；对个人而言，就是个人整体形象和具体角色形象的关系，领悟了其中的关系，就能事半功倍，实现更大的价值。

Made in China 遍布全球，尤其是当产品质量已经带有国家形象时，其影响的就是整个国家的品牌。Made in China 让世界认识了中国，Made in China 让世界对中国产品有了初步的第一印象，但成也 Made in China，败也 Made in China，中国企业真正走向世界，是要给 Made in China 补上一课的。

## VII  未来的生意在哪里？

相对于国家政策的大力倡导，中国的文化产业的滞后显而易见。其根本原因在于过去 40 年的经济腾飞，使中国摆脱了一个多世纪以来西方强加在我们身上的耻辱，然而在奔跑着追赶西方的路上，不知什么时候中国传统文化被丢掉了，甚至已不能清楚描绘它的本来面貌。所谓"皮之不存毛将焉附"，中国的文化产业更难有所作为。

有人会问：文化产业为什么将是未来的霸主？除了教化人民的作用外，它真能赚钱？十多年前中国经济高速发展，几乎做什么行业都赚钱。无论生产什么样的产品，一到市场都能卖出去，所以大家很快发家致富。但中国的经济经历了高速发展之后，增速开始适度放缓，特别是低端高耗能产业，已经面临严重的产能过胜，各个行业都面临转型升级，低水平的发展模式，想赚大钱、赚快钱已非易事。企业在深感市场难做的同时，也越来越意识到品牌的作用——消费者需求的升级要求品牌，并要求品牌能提供更多、更好的非功能性体验，以满足自身情感、精神的需求。

从中我们可以感悟到文化产业的发展空间异常广大，国内外大量案例也证明了文化产业的含金量超出了人们的预想。

先来看看韩国的发展带给我们的启示。1998 年亚洲金融风暴后，韩国正式提出了"文化立国"的救国方针，首先确立了一系列文化产业发展战略和中长期发展计划，并相应推出一系列重大政策措施来推动文化产业发展。其次，积极进行文化输出，主打国际市场。事实证明，文化产业的价值是巨大的：韩国文化产业出口每增加 100 美元，就能使韩国商品出口增加 412 美元。伴随韩剧等文化产品席卷全球，各国对韩国产品的好感上升，增加了手机等韩国其他商品的销量。虽然在制造业上韩国失去了优势，但是在文化产业上的收益比工业产品超出 10 倍。这便是韩国在转型中，仍能保持高速发展的真正原因。

大家可能认为国家文化产业战略离我们太遥远，我们再来看看一个熟悉的组织——台北故宫博物院，他们如何掘金文化产业。据不完全统计，台北故宫近些年推出了"朕知道了"纸胶带和"翠玉白菜"伞等 2400 多种文化创意产品，仅 2013 年的销售收入就将近

9 亿元新台币，这一数字直逼 10 亿元新台币的门票收入。文化创意产品已成为台北故宫重要的收入来源。

纺织服装行业情况也雷同。大家的经营策略同样过度依赖产品价格。随着生产经营成本的不断提高，商家只有提高价格才能生存，但又怕打不赢和同行的"价格战"而陷入两难。这一困局的关键在于我们的产业同质化太严重，甚至产品粗制滥造，越来越无法满足消费者对于品质化、差异化、情感化、审美化等方面的需求，卖不出货也卖不出高价也就在情理之中了。

许多企业如今也面临着巨大的转型压力，如何找到下一个掘金点？到底转向哪里？如何转型？我认为企业应该坚持走品牌之路，坚持将自身产业同文化创意产业紧密结合，某种意义上说就是将产品作为文化的一种载体，融入企业积聚的文化元素，生产有故事、有意味的产品，告诉消费者：你买的东西不仅能用，更有深厚的文化在其中。这样做不仅能卖出更好的价格，还能持续获得消费者的钟爱。

古语有云："天与弗取，反受其咎；时至不行，反受其殃。"此话告诉我们需要抓住时机积极进取，否则，贻误时机后悔莫及。恒源祥自创立以来，文化气质就是深耕于中国传统文化又兼容并包世界优秀的文化，近百年历程积累了大量的文化元素，我相信我们比同行更有可能将品牌的生意做成文化——通过文化来创造产品的价值，这是未来我们的财富所在和基业长青的根本。

# VIII 创造生活方式，才能创造未来

二十年前公司在绘制二十一世纪战略蓝图时我曾说过，未来推动社会进步发展的不是政治家、经济学家，也不是哲学家和思想家，而是企业家。2010年中央电视台播出的大型纪录片《公司的力量》，其核心内容是公司如何推动社会进步发展以及在其中起到巨大作用。这部纪录片让我们更进一步地认识到，推动社会进步发展的，准确地应该说是企业而不是企业家。

这是因为，未来个人的力量会变得越来越弱小，企业的力量会变得越来越强大。这种趋势在今天已经有所体现，世界上有大量的著名企业，但大多数人不知道这个著名企业的 CEO 和董事长是谁。通用的老板是谁，可口可乐的老板是谁，大多数人其实都不知道。个人的力量在企业层面将会变得越来越弱小。

什么是趋势？趋势不是讲已经做到了什么，而是往这个方向走的过程，就是未来注定是这样的。未来会有巨大影响力的企业，它的发展趋势是什么？答案一定是全球性。我曾大胆地预测，在未来20到30年的时间内，世界将会诞生大量没有所属国界、没有注册地的公司，或者叫全球化公司。这些公司一定有一个非常好的东西，能够真正意义上改变人类生活方式，让绝大多数人使用和享用的。它不一定是生产一种产品或者提供一种服务，它是创造出一种生活方式来满足人类的需求，这其中包含精神、心理的需求，并引导世界和人类实践这种生活方式。

创造一种世界和人类的新的生活方式是一种能力，这种能力所形成的某一项产品能够改变人们的生活方式，这种产品不一定指简单的物质，可能也不是物质的。比如人类通讯的需要，像我们今天用手机，过去用 BB 机，甚至更早的电报和邮寄。发电报也是一种生活方式，邮寄信件也是一种生活方式。这些在历史的每一个阶段都成了人类的一种生活方式，成为生活中的重要组成部分，而且是不可缺少的。

从这个例子中，我们发现，要创造一种生活方式，根本在于我们要发现消费者存在的但是他自己也不知道的需求。这种需求是有的，但是他并不知道。没有电报以前，你有需求吗？你想把你的声音通过某种方式传递给某个人，但你不知道有这个方法，只有当电报发明的时候，这种方法才成为需求。过去发电报还要走到邮局，你有更高的需求吗？你想最好自己发电报。现在把一个手机交给你，你自己就可以打了，再也不用到邮局去了，这就改变了你的生活方式。如果我们用这样一种创新的方法去发现消费者存在的但是他自己也不知道的需求，我们就会创造我们美好的未来。所以创造一种生活方式就是要我们去创造一种消费者新的需求。值得一提的是，新的需求中还有新的应用。你可以借助于别人的平台来实践新的应用。

这里举一个信息技术发展的例子。从 20 世纪 40 年代末计算机正式诞生开始，到 1975 年比尔·盖茨创建了微软，从一台作为硬件的机器，到提供软件的平台，两者的结合所形成的独立终端可以说帮助微软创造了一个神话。随着互联网的出现，1998 年 Google 的诞生又为人类创造了一种新的应用，这种应用在电脑、互联网的基础上，使得人们通过搜索软件就能轻易在茫茫数据库里找到所需的大量信息。这也改变了人类的生活方式，是一种创造。发展的脚步并没有停止，随着信息化的进一步快速发展，从 2004 年开始，信息技术又创造了一种新的应用，即社区、博客、微博和微信。原来的互联网是单向的，现在不仅仅是单向的，还可以用作一种即时的交流互动平台。可以预见，未来基于电脑和互联网的信息技术发展，比如云计算及其应用，会创造新的生活方式，还将继续颠覆前人的梦想。

这些后来居上的创造者、创新者就是在创造一个个人类存在的但自己都不知道的需求，进而成为人类的一种生活方式，形成了一个庞大的市场。而且，这些后来居上者在让自己成为人们关注中心的同时，也让前人和以往的关注中心成为边缘。企业如果不关注未来发展的趋势，不去研究消费者存在的但自己都不知道的需求，企业的未来就有可能边缘化。这种边缘化有两种，一种是被边缘化，一种是自边缘化。

今天我们谈论公司发展战略的时候，我们能否创造一种消费者存在的但是他还不知道的需求？我们能否运用像互联网这样一个平台，为我们的消费者、联合体、共同体的成员，包括未来所有跟我们一起联动的对象，去创造一种需求或应用呢？如果我们只是去使用这个平台，是需要成本和付出的，只有我们以这样的平台为基础，为更多的人创造新的应用，我们才能获得持续的发展。我们的战略、我们的应用，不管是做什么事，都需要我们致力于为更大范围内的人去创造一种新需求、一种新生活方式。这才是我们真正的战略和方向。

因此，需要我们更深入地打开思维，去思考生活方式指什么？需求指什么？我们不能局限在现有的产业里，还要突破我们目前的产品、产业。企业能否引导人类通过了解、掌握、改变自己的文化个性，去建立和打造更适合人类发展的生活方式？这也是完全有可能的。

企业要从经营品牌到经营经验。什么是经营经验？就是人人都能够讲企业的故事，哪里有我们的故事，哪里就有我们的未来。从这个层面上思考，做品牌未来要明确的有两点：第一，哪里知道品牌，哪里就有品牌的市场；第二，哪里的人能够讲品牌的故事，哪里就有品牌的利益。我们要做的，就是不管做什么事情，让品牌努力成为人们的生活方式，或者生活方式的一部分。同时，企业要把做事的过程也成为一个故事，这是企业要具备的一种创新能力。

总而言之，未来一个先进企业不是简单地创造了一个什么样的商业模式，还要看它是否能够为消费者创造一种全新的东西，创造一种生活方式，这是考验企业未来能不能成为一家百年、千年企业的关键所在。这其中树立品牌思维，致力品牌经营，建设品牌文化就是保障基业长青的根本法宝。